SHOKO
メイクアッププロデューサー

1秒で惹きつける人になる

読むだけで「最高の自分」!
大人の美容BOOK

JN248061

KADOKAWA

はじめに

初めまして。メイクアッププロデューサーのＳＨＯＫＯです。

皆さんは最近、鏡に映った自分の姿が、なんだか以前と違う……と感じたことはありませんか？

私が開催する美容講座には、このように自信をなくしてしまっている生徒さんがたくさんいらっしゃいます。かく言う私も、元々はネガティブなほうの人間でした。小さな頃から自信がなく、人の目が気になってしまい、大人になってからも、ちゃんと努力はしているのに自信がないあまりに一歩踏み出せず、人を羨んでばかりいた時期もありました。


そう、私自身が誰よりも「1秒で惹きつける人」に憧れていたんです！　そして美容師やヘアメイクとしてのキャリアを重ねるにつれ、「美しいだけでは幸せにはなれない。心も体も元気で健康であること。そのうえに成り立つ美しさこそが、幸せにつながるんだ！」と思えるようになりました。

この思いをお伝えしたくて、個人向けのメイクレッスンや講座を主宰するようになりました。また、２０１９年6月からは、もっと多くの人にキレイになることの楽しさ、何歳からでもキレイになれることの可能性を知ってもらいたいと、50歳をすぎてからＹｏｕＴｕｂｅで「ＳＨＯＫＯ美チャンネル」を開設し、美容にまつわる動画を配信しています。

実は、年齢なんて関係ないくらいの魅力を発揮するには、ちょっとしたコツがあるんです。スキンケアやメイクのテクニックだけでなく、皆さんの意識から変えるメンタル面のお話や、最短できれいになれる簡単な食事のアドバイスなど、なかなか動画では伝えづらいこともありました。そこで今回、本という形で皆さんにお伝えしたいと思いました。

ぜひ、何度も何度も読んで、ボロボロになるまで使っていただきたい！　そして、あなたの人生に長く寄り添える本になりますようにと、心から願っています。

Contents

Chapter 1
INTRODUCTION

Chapter 2
SKINCARE

美しい肌は信頼感につながる

Chapter 3
BASE MAKE-UP

人を惹きつける〝透明感〟はベースで作る

Chapter 4
POINT MAKE-UP

大人のたしなみメイクは周りも幸せにする

Contents

Chapter 5
HAIR & MASSAGE

輝くオーラは髪と笑顔から

Chapter 6
LIFESTYLE

〝ついで〟に美を育てちゃおう！

Chapter 1

INTRODUCTION

1秒で惹きつける人になる

変わりたいと望んだ時が
最高のタイミング!
いくつからでも美顔になれる

ワンピース／
トロワズィエムチャコ
（アプレドゥマン）

Introduction

〝キレイ〟を楽しむことが最大の秘訣

歳をとって美しくなる人と劣化する人の違い

突然ですが、あなたは今の自分の顔が好きですか？

若い時ほどハリがなくなった。シミが気になって鏡を見るのが楽しくない。髪型を変えても、もう誰も褒めてくれない……私のYouTubeや美容講座には、こんな皆さんからのお悩みが本当にたくさん寄せられます。そして皆さんがお決まりのように言うことは、「でも歳だから、しょうがないですよね」というひと言。いいえ。そんなことはありません。

確かに持って生まれた美しさで勝負できるのは、20代まで。30代中頃にもなれば、どんなに美人と言われてきた人も、シワやたるみなど年齢による変化を感じ、40代、50代と歳を重ねるほど、変化は進みます。

けれど実際には「若い時より今のほうがキレイ」という女性、あなたの周りにもいませんか？　彼女たちはいったい何が違うんでしょうか。美容やおしゃれに費やした金額？　それとも持って生まれた肌質や顔立ち？　エステに行った回数？　本当の違いはそこではありません。**正解は「キレイになることを、楽しんでいる」ことです！　具体的には、スキンケアの時に今日は肌の調子がいいな♪　と楽しむ……そんな些細なこと。**簡単に感じるかもしれませんが、毎日鏡と手で自分の肌色、質感を感じながらお手入れしないと、意外に気づけないものです。わかりやすく言うと「自分を大切にする意識」の違い、という感じでしょうか？　私は仕事柄、女優さんやタレントさんとよくお仕事をしますが、彼女たちがいつまでも美しいのも、お金をかけたり、プロの手に頼っているからだけではありません。毎日のお手入れを大切にし、キレイになることを楽しむ時間を積み重ねているから。

これって言い換えれば、**大人になるほど美しさのスタートラインが平等になるということ！　毎日のちょっとしたお手入れ次第で、5年先、10年先の美しさに差がつきます。しかも高いお金も時間も不要！**

私たちは、ずっと新鮮でいることはできないけれど、人生をワインのように上手に熟成させていけば、どんどん高値に美味しくなっていきます。

そう考えるとワクワクしてきませんか？

ワンピース／トロワズィエムチャコ（アプレドゥマン）

スキル磨きより「肌磨き」で仕事までうまくいく

私の生徒さんで、意識を変えたことで劇的に変化した女性がいます。40歳を迎えて、鏡を見た時、老けている……と気づき、いろんな不安・悩みが押し寄せてきて、「史上最高のじぶんになる講座」を受講されたSさん。

相談にやってきてくれたSさんは最初は全く美容に興味がなく、

☑化粧水はペタペタとつけるだけ、スキンケアなんてつければいいと思っている
☑メイクしているのに「メイクしてないの?」と聞かれてしまう
☑シワっぽくなる
☑美容室に行くのは半年に1回
☑化粧の仕方は全くの自己流……

という状態。そこから「キレイになることを楽しむ」コツとテクニックを学ぶうち

に、みるみる変化！　どんどんキレイになっていきました。以下は、3ヶ月の受講を終えたSさんの当時のコメントです。

・顔、肌の変化
すぐに肌の透明感が格段にアップし、初対面の人からも必ず「美肌ですね」と言われるように。初対面で覚えてもらえるようになり、自信がつきました！　メイクをシーンによって使い分けられるようになったことも楽しいです♪　こんなに楽しい学びがあったとは……受講してよかったと思いました。

・心の変化
食事の栄養バランスをとれるようになって、一日のパフォーマンスが格段にアップ！　体調不良時でも、そう見えない見た目を保てるようになったことに驚きました！　アレルギー体質だったのですが、肌も荒れなくなりました。

さらに驚くことに、Sさんはフリーランスで働いていたのですが、自信がついたことで仕事依頼の問い合わせが倍に増えたそうです。そのうえ思春期の娘が言うことを聞くようになり、夫が仕事に理解をしてくれるようになり、気持ちに余裕ができて、毎日が楽しい！　と話してくれました。

キレイになることのパワーを身をもって感じた出来事でした。こういった変化は、この本のメソッドを実践した人には必ず起きます。テクニックだけでなく、意識の変化へもアプローチしていきますから、実践し始めたらすぐに自分の変化を実感することができます。自信をもって断言できます。それくらい、キレイを楽しむことって効果があるんです！

あなたは、きっと「キレイになりたい」と思ったからこそ、この本を手に取ってくださったのだと思います。このページを開いていることが、すでに、変わる一歩を踏み出しています。一歩進んでしまえば、こっちのもの！　**キレイになるのに、今何歳かなんて関係ありません。さあ、これから一緒に、「史上最高のじぶん」を手に入れましょう！**

Introduction

目指すは前向きな手抜き

完璧ではなく、とにかく笑顔でいられることが大切

さて、では「私もキレイになりたい！」と思った時に、ぜひみなさんに知っておいてほしいことがあります。それは、そのためにすべてを完璧にする必要はない、ということ。キレイになることは毎日の積み重ねです。毎日毎日、ルーティンに入れなければならない項目が山ほどあって、さらに仕事や家事もこなさなければならなくて……。そんなやり方で続くわけがないんです。上手に「手抜き」することを覚えましょ。

というのも、私自身、できていない自分に苦しくなってしまった経験があります。そんな時、以前ヘアメイクを担当させていただいていた、料理家の栗原はるみさんがこんな言葉をかけてくださいました。いつも多忙で多くの仕事を抱えながら、それでも家の中はキレイで丁寧な暮らしをしていてすごい！　と思っていた彼女が、「ＳＨＯＫＯちゃん、いつも完璧でなくてもいいのよ。私だって忙しい時は手を抜くこともあるけれど、それよりも笑顔でいられることが大切なのよ」と……。

美しさ=完璧であること、ではありません。**時にはプロやコスメの力を借りながら、笑顔でいられるためのキレイを一緒に目指しましょう！**

買わなくていい。まずは手持ちのアイテムを使いこなすところから

YouTubeの視聴者さんから一番多い質問は、「●●におすすめのアイテムって何ですか？」というもの。プロがおすすめするものなら間違いない！と思っていただけるのはとても嬉しいのですが、でもその前に、ちょっと待って！スキンケアもメイクも、**大切なのは、「何を使うかよりも、どう使うか」。**

実は講座やYouTubeでスキンケアやメイク法をお伝えすると、洗顔ひとつをとっても「え、そんなに何回もすすぐの？」なんて声がたくさん聞こえてきます。ほとんどの人が、化粧品本来の力を引き出せていないんです。高価な美容液を買う前に、普段のスキンケアのやり方や手持ちの化粧水の塗り方を少し変えるだけでも、肌って劇的に変わってくれます。しかもテクニックを覚えれば、効果は一生もの！なので

私はおすすめの商品を聞かれた時こそ、むしろ「買い替えるのはちょっと待って！」とお伝えしています。

そのために、意外に役に立つのが「説明書」。あなたは、新しいコスメを買った時に説明書を読んでいますか？　特に、化粧水やクリームなど、スキンケアアイテムは、少量しか使っていなかったり、使う順番を間違えている人も結構いらっしゃいます。

ちなみに私は仕事柄、たくさんのコスメに触れますが、特徴的な使い方のアイテムは、箱のまま保管して、いつでも使い方を確認できるようにしています。お料理だって、まずはレシピ通りに作れるようになってからアレンジしますよね？　**美容だって同じです。新しいアイテムを買い足すのは、今持っているアイテムを使いこなせるようになった後からでも遅くはありません。**

自分と仲良くなるための「ミラーレッスン」

デビューしたての若いタレントさんや女優さんは、部屋中に鏡を置くように指導されると聞きます。毎日自分の姿をチェックするようになるだけで意識が変わり、容姿

はもちろん所作までも美しく変わっていくのです。

鏡はキレイへと導いてくれる相棒です。けれど、年齢を重ねると、自分の今の姿を見たくなくて、あまり鏡を見なくなってしまう人がとても多いんです。せっかくのキレイになれる機会を減らしてしまうなんて、もったいない！　**私の講座でとても人気の「ミラーレッスン」は、鏡と仲良くなれるレッスンです。**

やり方はとっても簡単。鏡で笑顔の自分と、真顔の自分、それぞれを観察して、好きなところと、気になるところを書き出すだけ。１週間ごとに数回続けてみると、最初は「ほうれい線が……」「目が小さい」「顔が大きい」など気になる部分が多かったリストが、「にこっと笑ったら、意外とチャーミング」「丸みのある顔がやさしそう」など、いいなと思う部分が増えていくはず。講座でも、初日は鏡と向き合うことに抵抗を感じていた生徒さんも、どんどんポジティブになっていきます。「今日はこんなリップにしてみました」なんて自撮り写真をＳＮＳに投稿できるようになるくらい、効果絶大。

女性は本来、子育てをしたり気配りができたりと、観察する能力が高い生き物です。その力をぜひ、自分のために活用しましょう。

3大ブス用語をやめるだけで、品格ある若々しい自分に！

講座に来てくださる生徒さんたちに、**使用厳禁とさせてもらっている言葉があります。それが、「でも」「だって」「どうせ」という3大ブス用語。**

言い訳につながる言葉が出そうになったら、会話を中断してでもストップ！　口に出さないことが大切です。特に初めてのミラーレッスンでは、この3大ブス用語があふれがち。「どうせ首が短いし」とか「だってシミだらけだし……」などなど。でも実は、その言葉が出そうになった時ほどキレイになるチャンス！　首が短いなら、肩を下げる姿勢を意識したり、首元がキレイに見える洋服を着てみたり。シミが気になるのなら、ほかの部分に視線が集まるメイクをしてみたり、集中ケアという手も！3大ブス用語が出そうな時ほど、じゃあ何ができる？　を考えると断然、人生は楽しくラク〜になっていきます。

私自身も20代の頃は3大ブス用語のヘビーユーザーでした。「気が利かない・ガサツ・ヘアメイクに向いてない」と怒られてばかりで、「どうせ私は……」の意識ばかり。ちょっとメイクを覚えたぐらいで、人を美しくする力が私にあるのかと……。でもある時、キレイな人はネガティブワードをあまり使わないことに気がついたのです。そして、見た目だけではなく、**所作や振る舞い、言葉遣いまでもが、周りを不快にさせない思いやりにあふれている。それが品のよさや美しさになっていると！** 以来、ネガティブワードは封印して、キレイな人の真似をするようにしていたら、周りの評価が180度変わっていきました。

そして今では「気配り上手・SHOKOちゃんだから安心して任せられるわ」という言葉をかけてもらえるように。放つ言葉は、自分自身でも知らない間に呪縛のように張りついてしまうと実感しました。

それに、言い訳につながる言葉は、できないことを誰かのせいにしてしまいやすい。人のせいにするって、簡単だけど実はしんどいんですよ。だって、自分自身が変わることを放棄してしまうから。最初は真似だっていいんです。こうなりたいと思える人の真似から。髪形やメイクだけでなく、所作や言葉遣いも参考にすることで、きっと少しずつ自分もキレイになった気がするはず。そうすれば、おのずとネガティブな言葉を発する機会も減りますから。

Introduction

ポジティブシンキングで脳を騙せば、自然にハッピーはついてくる

誰かを1日一回褒めよう。それは必ず自分に返ってくる

私がYouTubeを始めたのは、50歳を過ぎてからでした。最初は、「年なのにそんな格好して……」なんて心ないコメントに落ち込んだりしたこともありました。でも同時に、スキンケアやメイク方法を配信しながら変わっていく私に対して、「今日はなんだか肌の調子がよさそうですね」「前よりキレイになってる！」なんてコメントをいただくことも増えていきました。すると、自然と中傷するようなコメントが気にならなくなっていったから不思議！「その年でその花柄の服はどうなの？」って言われても、「だって可愛い格好がしたくなっちゃったんだもん」って（笑）。

褒めることは、キレイになるための原動力です。

講座でも、私は生徒さんをよく褒めます。そうすることで生徒さんがお互いに褒め合う空気に変わり、キレイになるスイッチが自動的にONになるから！ そうして変化していくと家族や友達に「褒められる」回数も増えて、どんどんやる気が湧いて、

お手入れやメイクに磨きがかかります。すると、さらに周りから褒めてもらえる、というポジティブなサイクルが回り出すのです。

とはいえ、日本人は褒めベタな人がほとんど……。ならば、まずは自分で自分を褒めてあげちゃいましょう！　例えば、「今日は10分も早く起きられた」「今日は髪型がうまく決まった」など、自分が少し頑張ったことなら、すぐに気づけるはず。そうすれば、もしかして周りの人たちに対しても、ここを頑張っているのかも、と褒めポイントが見つけやすくなるのでは？　そうしたらあなたから褒め言葉のシャワーを浴びせちゃいましょう！　旦那さんに「ゴミ捨て行ってくれたの!?　ありがとう♡」とか、お友達に「今日の洋服すごく似合ってる。素敵！」などなど。小さなことで構いません。すると、そのうち相手からも、褒め言葉が返ってくるようになるかもしれません。

それに**人を褒めている時は、自然と口角が上がって笑顔になっているもの。すると、ポジティブなイメージが脳にインプットされて、幸せスイッチまでもが勝手にONになっていく、そんなメリットもあるんですよ。**

私の肌は赤ちゃんの肌、そんな気持ちがキレイを導く

褒めてキレイになる、このからくりは「脳を騙すこと」。

私たちの体の動きは、すべて脳からの指令で成り立っています。ならば、毎日のお手入れも、何も考えずに作業的にこなしていくのと「キレイにな〜れ」「もっと上がれ〜」と思いながら続けるのとでは、1年後の顔立ちや肌に差がつくのは簡単に想像できますよね。ぜひ、スキンケアやメイクをする時には「キレイにな〜れ」「もっと上がれ〜」と呪文を唱えるように（笑）、意識しましょう！

その時に大切なことがひとつ。**肌に触れる時は、生まれたばかりの赤ちゃんに触れるかのように、やさしい手つきで。思っている以上に軽いタッチで、やさしく触れましょう。**

自分の肌を宝物のように大切に扱うことで、「上がれ上がれ」という言葉の力がさらにパワーアップしちゃうのです！　ポジティブな言葉で、口角を上げて、宝物のように肌に触れる。これだけで「脳を騙す」効果は最大級に増します。

若作りはいらない！　目指したいのは、ワインみたいな熟成美

世の中には、たくさんの美容法があふれていますし、若く見えることをよしとする風潮もまだまだ強いと感じます。ですが、無理して若く見せようとしても、イタイおばさんになってしまうだけ（笑）。**私は、人生を上手に熟成させていけるといいな〜と思っています。たとえるならワインのように、年齢とともにさらなる魅力を熟成させていくイメージです。**

人生１００年時代と言われるくらいですから、80代まで仕事をバリバリし続けて、現役でいるのは当たり前！　実際に70代、80代で活躍する素敵な人たちを目標にすると、「私なんてまだまだひよっこ」「これからだわ！」と思えてきませんか？

ぜひ、「誰のために、どうなりたいか」ということを書き出してみてください。自分のためにキレイになりたい。仕事で評価されたい。人から褒められたい。なんでも正解です。仕事の顔、家の顔、女友達の前での顔など、それぞれで見せたい自分がクリアになると、キレイになることがもっと楽しくなっていきますよ。

Column ｜ オンラインでキレイに見えるテクニック

モニターに映し出しながら、メイクの仕上げをする

オンラインミーティングやWEB通話をする機会が増えた人も多いのではないでしょうか。しかし、自分の顔が画面いっぱいにアップになった瞬間、「えーっ!?　私のお肌ってこんなにくすんでたっけ！」「ヒドイ顔色……」なんて、驚いた経験はありませんか？

リアルとオンラインでは、実際顔色の見え方がちょっと違いますよね。鏡を見て「バッチリ♪」って確認していたはずなのに、モニターを通して見る顔色は、なんだか暗くてくすんで見えがち。

そこでおすすめしたいのは、あらかじめ、自分１人だけでアクセスしてみること。ある程度メイクしておいて、最終的な仕上げをモニターで確認しながら行うんです！

そこで「眉毛が薄いな」と思ったら描き足せばいいし、「目ヂカラが足りないな」と思えば、いつもはアイシャドウだけだけど、ちょっとアイラインをプラスしてみたり。オンライン用にメイクをプチアレンジすることで、違う自分の見せ方を増やしましょう。そうすればオンライン時代も怖くありません。

Chapter 2

SKINCARE

美しい肌は
信頼感につながる

「保湿」さえ極めれば
美肌は人生最大の味方に!

カーディガン／
トロワズィエムチャコ
（アプレドゥマン）

「信頼感」を作るのは肌！

初対面で好印象をつかむ方法

人生100年時代、年齢や既婚未婚、子供がいるいない関係なく、これからもずっと働いていたい、輝いていたい、という女性はどんどん増えていますよね。そういう時、何かやらなくちゃ！　と習い事をしたり、資格取得に走ったりするなら、**私は断然、肌磨きをおすすめします。**

というのも、以前、大企業の経営者の方のヘアメイクをした際に、「海外赴任の候補者が2人いるのだけど、ひとりはよく肌荒れをしているんだよね。肌に出てしまうってことは、海外での暮らしや外国人との交渉には耐えられないかもしれないよね」と、何気なく言われたことがありました。外資系企業などでは、体型や姿勢などが自己管理ができているかどうかの判断材料になるというのはよく言われますが、肌もそのひとつなんだなあ、と印象に残った出来事でした。

肌の状態には毎日のスキンケアや食事、睡眠など、小さな努力の積み重ねや習慣がしっかり現れます。**一朝一夕にキレイになるものではないからこそ「肌はその人の生**

活や心意気を反映する鏡」。肌がキレイなことは「信頼感」につながるのです。

40歳を過ぎて美しい肌の持ち主は、美しい人に見えます。
50歳を過ぎて美しい肌の持ち主は、信用されます。
60歳を過ぎて美しい肌の持ち主は、尊敬されます。
70歳を過ぎて美しい肌の持ち主は、エレガントな美人に見えます。

肌は、年齢を重ねるごとにあなたの価値を高めてくれる味方になります。何かしなくちゃ、と焦る前に、まずは肌磨きをしてみませんか？

目指したいのは、70歳でノーファンデ

私の目標は「70歳になった時にファンデーションを塗らなくてもいい肌」になること！　実はそのくらいの年齢になると新陳代謝も落ち着いてくるから、メイク崩れもしにくくなります。そしてシワは深くなるから、ファンデーションを塗りすぎないほうが、かえって肌がキレイに見えるのです。

ブラウス／トロワズィエムチャコ（アプレドゥマン）

もちろん、しっかりケアを重ねてきたことが前提ですが、キメが整っていれば、おしろい粉でパッと押さえるだけでも十分キレイ。その分、アイメイクや眉毛に時間をかけてあげると、とってもおしゃれに仕上がるんです。**「きっとこの人は、丁寧に暮らしてきたんだろうな」って。そんなふうに見た人に一瞬で想像させる力が、大人の美肌にはあります。**だって、毎日の積み重ねがなければこんな肌にはなれないって、みんなわかっているから。「初めまして」の瞬間から、「この人はちゃんとしている人に違いない」って思わせて、信頼を引き寄せられる、すごい武器ですよね。

年齢を重ねるほど、シワやシミを隠すのが目的になりがちでメイクがどんどん濃くなってしまいますが、実はバッチリお化粧してますっていう顔は、少し攻撃的な印象を与えます。完璧にシミを隠して、シワを気にして笑わない完ぺき美人より、ナチュラルに笑えるような歳のとり方をしたい。70歳になった時に、やさしい美人オーラをまとえたら、きっと幸せだと思うのです。

今、もしあなたがお肌にコンプレックスがあったとしても、70歳まではまだまだ時間はたっぷりあります。**だって、スキンケアは1日に朝と夜2回あって、1ヶ月なら60回分。1年なら730回分！　この積み重ねに肌は絶対に応えてくれます。**それを10年20年重ねたらどれだけ変わっちゃうの!? 肌をキレイにするだけで、幸せな人生が待っているかもしれないって思うと、とってもワクワクしちゃいますよね。

大切なのは、「こうなりたい！」っていう目標を持つこと。例えば、有名人の中から「こんな人になりたい」という人を探すのもおすすめ。私の講座に来てくださる生徒さんはアラフォー、アラフィフの方々が多いのですが、年齢を問わずに人気なのが、新垣結衣さんです。ポイントは、「ガッキーになりたい」ことではなく、「ガッキーを好きな理由」に注目してほしいのです。ちなみに、受講生の皆さんにガッキーを好きな理由を聞いていくと、柔らかさややさしそうな雰囲気が好きというキーワードが出てきます。つまり、それが目指したい方向。ガッキーのような柔らかさ、やさしさがあふれる女性らしさを目指していこう！ という目標がクリアになるんです。

ブルベ、イエベを気にするより、美肌が効く

ここ数年、パーソナルカラー診断で、自分の肌の色が「ブルーベース」なのか「イエローベース」なのかを気にする傾向があります。実際に、「イエベですが、このリ

ップ似合いますか？」といったような質問をされることが増えました。キレイになるひとつの知識として取り入れるのはいいと思いますが、その基準にとらわれすぎることには、ちょっと疑問を感じています。

私自身もカラーコーディネートの資格を持っています。また、撮影の現場で、用意された衣裳がモデルさんや女優さんの肌の色と合わない場合も、メイクによって素敵に見せなければいけないという場面に何度も遭遇しました。そんな経験を踏まえて言いたいのは、「自分の可能性を狭めないでほしい！」ということ。

だって、**もし似合わないと言われた色が好きな色や身に着けてみたかった色だったら、それを簡単に諦める人生なんてつまらなくありませんか？** 今は化粧品もとっても優秀。バリエーションも増えてきているから、似合わないと思われるカラーも、化粧品の選び方やメイクの仕方によって、似合わせる工夫がいくらでもできます。だから、似合う似合わないで判断しすぎないでほしい。テンションが上がる色を選べばいいんです（笑）。

さまざまなカラーを楽しむのに何より大事なのは、美肌にしておくこと！ なぜなら、「似合わないカラー」は、肌のトラブルを目立たせるから。くすみがある肌に似合わない色を合わせるとますますくすんでしまうし、クマやたるみがあると、影が濃く見えて悪目立ちしてしまうのです！

もちろん、自分に似合うベストカラーを知っておくことは否定しません。私も自分に似合う色をここ一番！　って時に身に着けて、自信をもらいます。でも、似合わないといわれるカラーも好んで着ているし、さらには「ＳＨＯＫＯさん、その色とっても似合ってます！」なんて褒めていただくことも。それは、ベースメイクの色を変えたりひと工夫していたりするのもあるけれど、やっぱりお肌の状態がいいからなんですよね。

Skincare

美肌には「保湿」、これがすべて！

化粧崩れしない仕込みが重要！

年齢を重ねるほど、「化粧の持ちがよくない……」「化粧崩れしやすくなった」という声をよく耳にします。実は、肌の水分量が足りず、潤いを保つために皮脂が過剰に分泌されることなどが原因だったりするのだけれど、「自分は脂性だから」と思い込んでいる生徒さんの多いこと！　十分にお手入れしていない肌は化粧崩れを起こしやすいのです。きちんとお手入れしているモデルさんや女優さんをお化粧していると、どんなファンデーションをつけても、皮脂といい感じにまじり合って、自然な肌の色のようになっていたりする。肌の状態がいいと、化粧品も力を発揮しやすいのです。

つまり、**私たちの年齢では、崩れないメイクをするために〝仕込み〟が何より大切なのです！　仕込みとは、ずばり、保湿のこと。**

ヘアメイクの現場では、たとえ女優さんやタレントさんが、「自分でスキンケアをしてきました！」と言っていても、メイクの直前に仕込みとしてスキンケアをしっかり行います。だってメイクの持ちが全然変わるから。

まずは化粧品などで水分を、次に乳液やクリームなどで油分を肌に与えてしっかり潤わせます。毛穴の凸凹がなめらかになり、血流も整い、肌状態がぐんとアップ！これによって、ファンデーションの吸いつきが格段によくなり、お化粧が崩れなくなるんです。

十分潤わせたら、肌の油分を「押さえる」ことも忘れないでくださいね。眉や目元のメイクが崩れるのは、油分の「浮き」が原因なんです。**スキンケアの仕上げに、部分的にティッシュなどを使って油分をオフするひと手間をかけるだけで、アイメイク・眉メイク・リップメイクもすご〜く長持ちするようになりますよ。**

ちなみに、保湿ケアでは水分と油分を与える前のクレンジングも重要なステップとなります。私の講座の中でスキンケアについて教えていると、参加した生徒さんが一番驚いたり、変化を実感したりするのが、このクレンジングなんです。

保湿の基本は化粧水よりクレンジング

まず大切なのは、どんなクレンジング剤を選ぶか。ミルクやオイルなど、タイプはいろいろありますが、あなたはどんな基準で選んでいますか？　もしかすると、クチコミやご自分の肌質に合わせて選んでいませんか？

実は、クレンジング剤はメイクの「濃さ」や「落ちにくさ」によって使い分けたほうがいいんです。理由は、クレンジング剤をのせている時間を短くして、なるべく早く落としてあげたほうがいいから。

強いクレンジング剤を使うのがイヤという声も聞きますが、クレンジングはどんなにやさしいといわれているものでも、肌にとっては刺激。クリームや乳液タイプのものはオイルよりはやさしいけれど、ウォータープルーフなどの落ちにくいメイクを落とすには、どうしても時間がかかってしまい、摩擦も肌への負担となります。それならオイルタイプで手早く落とすほうが、結果、肌への負担も少なく済みます。

ちなみに、しっかり落とすという意味では、石けんで落ちるとうたわれているミネラル系のメイクも、夜はミルクなどの少しやさしめのクレンジング剤で落としたほうがいいと思います。

とはいっても、たくさんクレンジング剤を持つのは大変ですよね。「しっかりメイクの日用のオイル」と、「ライトなメイクの日用ミルクかクリーム」の2種類があれば十分。濃い、薄いメイクでクレンジングを変えてみるだけで、お肌への刺激も軽減しつつ、しっかり落とせますよ。

次に押さえてほしいポイントは、洗い方。まずは、たっぷりクレンジング剤を手にとって、なじませるように顔に塗っていきます。毛穴は下に向いているので、上に向かってクルクルとなじませるのがポイントです（50ページ参照）。

そして、とっても大切なのが「乳化」。クレンジング剤をなじませたらそのまますぐにじゃぶじゃぶと水で洗い流していませんか？　それだと、汚れは落ちないの！毛穴の中に入ったまま蓄積されて黒くなってしまうのです。

正しいやり方は、流す前にいったん手に水をとって、顔に少量の水分を加えてあげます。その状態でさらにクルクルとなじませていくと、クレンジング剤が白っぽく変化して、軽い感覚に変わります。これが「乳化」した状態。この乳化によって、クレンジング剤がメイク汚れを包み込んでしっかりキャッチし、キレイに落とせるのです。注意したいのはクレンジング剤の量。皆さんが使用しているのを見ると、とっても少ないの。肌を摩擦しないように、たっぷりつけて素早く洗い流しましょうね。

洗顔は、30回すすぎがマスト！

ところで、「美肌菌」という言葉を聞いたことがありますか？　実は、お肌にも腸や口内のように、たくさんの菌が生息していると言われています。その中にはキレイなお肌を保つために欠かせない、いわゆる「美肌菌」といわれるものがあるんです。代表的なのは、次の3つ。肌を弱酸性に保つのをサポートする「アクネ菌（善玉）」、皮脂を分解し、弱酸性に保ってくれる「表皮ブドウ球菌」、セラミドを作り、バリア機能をアップさせる「サーモフィルス菌」。その働きを見ると、どれも必要だって思いませんか。逆に肌によくないのは、ニキビの原因となる「アクネ菌（悪玉）」、敏感肌の原因となる「黄色ブドウ球菌」、毛穴の炎症や脂漏性皮膚炎を引き起こす「マラセチア菌」など。

クレンジングは乳化がカギ

クレンジングは美肌作りの第一歩。
メイクが浮き上がるのを指で感じて。

1

量は500円大が目安

クレンジングをする時には、手や顔は乾いた状態が基本です。アイテムによって適量には差がありますが、500円玉くらいのたっぷりめの量を目安にします。

2

両頬・額にのせてなじませる

指の腹でクルクルしながら顔全体になじませます。指先がフッと軽くなってきたら、メイクが浮き上がっている証拠。指先の軽さを感じるまで時間をかけて。

3

水を加えて乳化させる

手のひらを濡らして、なじませたクレンジングに水分を加え「乳化」させます。全体が白濁し、乳化できたら、ぬるま湯で丁寧にすすぎましょう。

クレンジングはメイクの濃さに合わせて

濃いメイクにはしっかり落ちるオイル、薄いメイクには
肌にやさしいミルクやクリームがおすすめです。

／オイルタイプ

毛穴悩みもケアできるオイル

毛穴に詰まった角栓までメイク汚れと一緒にケアできるオリジナル処方。すすいだ時のヌルつきがないのでさっぱり好きな人に。マイルドクレンジングオイル 120ml ¥1,870／ファンケル

／オイルタイプ

8種の植物由来オイルを贅沢配合

高いスキンケア効果で、洗い流したあとの肌は触りたくなるなめらかさ。使うのが楽しくなります。アルティム8∞ スブリム ビューティ クレンジングオイル 150ml ¥5,060／シュウ ウエムラ

／クリームタイプ

潤いを守り、汚れを落とす低刺激性

濃厚なクリームは、肌に摩擦を与えにくいため、負担をかけずにやさしくメイクオフできます。ミノン アミノモイスト モイストミルキィ クレンジング 100g ¥1,650（編集部調べ）／第一三共ヘルスケア

／ミルクタイプ

素早くなじみ洗い上がりしっとり

美容成分を配合し、メイクをオフしながらも潤いを与え透明感のある肌に仕立ててくれる処方。乾燥しやすい肌にも。トリートメント クレンジング ミルク 200g ¥3,300／カバーマーク

そして、**美肌菌を優勢にして、健やかに保つためは、「洗いすぎない適度な洗顔」が最も大切なんです。**

だから、スキンケアの講座で、皆さんの洗顔を見ていると、「え⁉　そんなに雑でいいの？」ってくらい、ゴシゴシ強く洗いすぎる様子にちょっと驚いてしまいます（涙）。次のように、やさしく、やさしく、やさしく洗ってほしいのです！

まず、洗顔料をしっかり泡立てて、肌に手が触れないように泡だけで包み込むように洗います。イメージは赤ちゃんに触れているようなやさしさで。そして、両手にためたぬるま湯で最低30回、やさしく、やさしくすすぎます。最後に水で洗ってしっかり引き締めて終了！

「30回もすすぐの⁉」と驚く方もいらっしゃいますが、まずは騙されたと思ってチャレンジしてみて。レッスンでも実際にやってみた人が、たった1回で「私の肌、こんなに透明感があったの？」ってびっくりするんですよ。これが、毎日2回、1年で730回！　何十年と続けたら……。やっていないのとやっているのとでは、大きな差になります。

意外によく質問されるのは、洗顔の頻度です。朝と夜の2回が基本。ちなみに、私は帰宅後すぐにクレンジングしてそのまま洗顔します。外に出るとほこりもあるし、今だと雑菌やウイルスも心配ですよね？　顔は粘膜も多いから、できるだけ早く洗うようにしています。

朝は、べたつき具合など起きた時の状態によっては洗顔料を使うこともあるけれど、基本的にはお湯か水で洗います。ここでもしっかりと自分の状態を観察してあげてくださいね。

Skincare

化粧水はテク次第で「柔らかい肌」を育てる魔法になる

化粧水の重ね塗りで肌は十分潤う

いよいよ化粧水のステップです。お肌にトラブルやお悩みがあった場合、美容液をプラスしたり、高価な化粧水に買い替えたりといった、スペシャルなケアを取り入れる方もいらっしゃると思いますが、**まずは、今使っている化粧水で十分！　むしろ、普段から化粧水でしっかり保湿しておかないと、ほかのスキンケアを取り入れたとしても、お肌に入っていかないのです。**私はこれを「肌を柔らかくしてあげる」という言葉で伝えています。お肌は手をかけてあげないと、自分自身で守ろう、強くなろうとしていきます。どんどん皮膚が硬くなっていくのです。

例えば漁師さんの肌って、海風や日光にさらされて硬く、頑丈なイメージではないでしょうか？　私たちが着けているマスクだってそう。思った以上に肌への負担が大きいのです。それによって、皮膚の角質をちょっとずつはがしてしまっている状態になるので、肌が敏感になって自分を守ろうとします。そして、少しずつ硬くなっていく……。

こうなると、スキンケアをしても化粧品が肌へ浸透しにくくなっていくし、皮膚が硬くなることによって、少し重くなって落ちた印象を与えるようになります。つまりたるんでしまうのです！

だからアンチエイジングの基本である「肌を守って柔らかくする」ために化粧水を使いこなしましょう。**「化粧水は3回塗る」。これがキーワードです！**

実は化粧水は一度塗っただけでは肌に浸透していかないのです。肌の上に水分が残っているから潤った気分になるけれど、それはなじんでいないだけ。コットンは使わず、自分の手で肌の状態を感じながら、取り組んでみてほしいのです。お顔からデコルテにかけてたっぷり、押さえるように塗っていきます。やさしく丁寧に触ってあげるだけで、細かいところまでしっかり網羅できますよ。

化粧水が浸透した目安は、手のひらに肌がピタッと吸い付くような感覚。使う化粧水はできればサラサラとしたテクスチャーのものがおすすめ。とろみのあるタイプだと、それが肌に残ってしまうので、浸透していく過程を感じにくいのです。

分けて塗ってもなかなかなじまず、たれてしまう人は2回目を塗る時に、入っていったと思うまで手で押さえてみてくださいね。手のひらの温かさで徐々に浸透していきますよ。**これを毎日繰り返していくと、どんどん化粧水が肌へ浸透していくスピードが速くなっていきます。**


「化粧水だけでこんな肌になるの!?」

「私の肌、いくらでも吸い込んでいく!」

生徒さんからも、驚きの声がとにかく多いのがこの方法。

この気づきがとっても大切! 化粧水でお肌がしっかり潤う感覚がわかると嬉しいでしょう? その気持ちが習慣化へとつながっていきます。


3回塗る習慣ができると、おのずと肌と向き合う時間が増えていくので、自分のお肌の変化にも敏感になっていきます。そうなると、大きなトラブルが起きる前に予防することだってできるようになるのです。気づきは解決への大きな第一歩というけれど、自分の肌から、自分自身の体や気持ちの状態を観察していくということにもつながると思うのです。

秘儀！「化粧水の15分チャージ」で、もっちり肌に

繰り返します！　どんなお肌のお悩みがあったとしても、「基本は保湿」です。化粧水を3回に分けて塗るとお伝えしましたが、試してみましたか？　3回に限らず、もっともっと浸透していきそうな感覚はありませんでしたか？　今日は時間があるな、という時にぜひ試してほしいのが「化粧水の15分チャージ」です。

方法は、15分間化粧水を塗り続けていきます。ただそれだけ！　化粧水も特別なものを使う必要はありません。いつものもので大丈夫。ゆっくりと手で押さえながら、肌にのせた化粧水が浸透したな、と思ったら、次の化粧水をのせます。

リラックスした状態でテレビや動画を見ながら、気長に取り組んでみましょう。意外にあっという間ですよ（笑）。まるでエステ帰りみたいなプルンプルン♪の感触に「これ私のお肌なの？」って驚くはずです。

最初は、「私の肌、いくらでも化粧水を吸い込んでいます……大丈夫でしょうか⁉」と心配してしまう人もいるほど、どんどん吸い込んでくれます。

もちろん問題ありません。水分が足りていない最初の状態だと、たくさん浸透していきますが、次からはそこまでは吸わないので安心してください（笑）。

しかも、何日かやってみると、最初は15分かかって入れていた量が10分で入るようになり、5分で入るようになり……と、肌の持つ浸透力がどんどん育っているのも実感できるようになります。

決して、これを毎日やってね、習慣にしてねってことではないんですよ。「自分の肌はこんなにプルプルになるまで潤うんだ！」っていうお肌のベストな状態を、一回でも経験しておくということが大切なのです。

最高の状態がわかっているということは、自分の中に基準ができるということ。これによって、毎日の肌の状態も観察しやすくなり、トラブルが起きそうな時も早めにキャッチできるようになっていきます。

そして、自分自身の肌の可能性を知ることは、日々のスキンケアのやる気の後押しにもなるはずですから！

知らない間にたるみが予防できる、スキンケアの「なじませ方」

とにかく「保湿！　保湿！」と伝えてきましたが、化粧水、そして乳液やクリームを塗る工程では、保湿以外にも大きなメリットを肌にもたらすことができます。それは、たるみがちなお肌を引き上げる効果！　正しい塗り方をするだけでそれが叶うのです。

やり方は難しく考えないでＯＫ。大人の肌は、時の流れとともに下へ下へと徐々に落ちてきてしまうもの。だから**化粧水や乳液、クリームを塗る時は、重力とは反対の方向に、つまり、下から上へ、真ん中から外側へと向かって塗っていく。これだけです。**

あくまでも基本的な塗り方ともいえますが、嬉しいことに、塗るだけで自然にマッサージ効果を発揮してくれるのです！　一石二鳥でしょう（笑）。

もうちょっと欲張るなら、手についた乳液やクリームの油分を生かして、首筋をデコルテに向かってすべらせるように流してあげたり、あごのラインを指で押してあげましょう。むくみが流れていくので、気づいたらフェイスラインや首回りがシュッとしてきた！　なんて効果も。それに、毎日触っていると、顔の中でも凝っているなあと感じるところを見つけたりします。そこをちょっとつまんであげれば、さらに効果アップ！

顔や首、デコルテの血流がよくなって、お肌の血色もよくなります。お顔全体が引き上がった印象になり、メイクする前なら、ファンデーションの厚塗りを防ぐことだってできるんです。

「毎日意識しながら肌に触ってあげる」

だからこそ気づけることって、意外にたくさんあるのです。さらに、その時の状態に合わせて、美白美容液などちょっとしたケアをプラスする。それが毎日だとしたら、数年後の効果は絶大です！

大人の肌は保湿が肝心！

肌を整えるのに欠かせない化粧水と、
大人世代に悩みの多い美白美容液をご紹介します。

化粧水

和漢植物配合でトラブルケアにも

ヨモギやクマザサ、白樺樹液など肌を落ち着かせる成分を凝縮。ニキビや日焼け、肌荒れなどトラブル時にも安心な1本。大容量で惜しみなく使えます。福美水 FUKUBISUI 500ml ¥3,740／福美人

化粧水

濃密なとろみがスッと肌に浸透

エイジングケアに欠かせない高浸透ビタミンCを配合した贅沢な化粧水。ヒアルロン酸やセラミドなどの美容成分も。VC100エッセンスローションEX 150ml ¥5,170／ドクターシーラボ

美白美容液

保湿しながらシミやくすみもケア

美白成分・肌荒れ予防成分のほか、保湿成分も配合したクリームタイプ。こっくりした感触なので乾燥ケアにも。純白専科 すっぴん白雪美容液［医薬部外品］35g ¥1,650（編集部調べ）／ファイントゥデイ資生堂

美白美容液

美白はもちろんハリと潤いケアも

頑固なシミのケアと、未来のシミを作らせないケアがひとつで叶う大人に嬉しい処方の美容液です。アスタリフト ホワイト エッセンス インフィルト 30ml ¥7,700／富士フイルム

保湿はリビングで。
それだけで
極上肌は手に入る

乳液やクリームはすき間時間に分けて投入

保湿の最後ステップは、乳液やクリームになります。これらには、浸透させた化粧水にフタをしてあげる役割があります。

40代以降は、よりしっかり保湿状態をキープするためにクリームもおすすめ。テクスチャーは軽くても重たくても、どちらでも大丈夫ですが、保湿の大切なプロセスなので、しっかりと潤うものを選ぶようにしてくださいね。

乳液やクリームについては、教えている生徒さんから、「ベタベタしているところが苦手」といった声がよく上がります。でもそれは、化粧水の量が足りていないということがほとんどです。油分に対して、水分の量が少ないということです。

化粧水とクリーム、つまり水分と油分がしっかりまじり合うと、肌にもなじみやすくなって、べたつかずに済みます。ベタベタすると感じる時は、もうちょっと化粧水の量を増やしてみてくださいね。

そしてもうひとつの原因は、お肌の吸収力が衰えてしまっていること。そうなると乳液やクリームを少しずつ入れ込む時間が必要になります。一度に塗り込むのではなくて、一回の量を、時間をちょっとずつ空けながら入れるのがいいでしょう。

でも女性は、特に朝は忙しいものですよね。だから、おすすめは、「行動のついでに分けて塗ること」。

例えば、1回目を塗ったら歯磨きをして、そこで2回目。さらに、食器を片付けた後に3回目といったように、同じ量でも行動のすき間時間を上手に利用して、何回かに分けて油分を取り込んでいきましょう。

時間がある時は、ゆったり「リビング美容」

あなたは、自宅のどこで日々のスキンケアを行っていますか？　きっと多くの方が「洗面所」って答えるのではないでしょうか？

皆さんのお話を聞いてみると、圧倒的にケアに割く時間が足りてないとちょっと残念に思います。現代の女性は本当に多忙。仕方がないことかもしれませんが、でもちょっとした工夫で、時間って意外に簡単に捻出できてしまうんですよ。

FUKUBISU

その提案のひとつが「リビング美容」。お風呂上がりに洗面所で化粧水をつけたら、その後照明の明るいリビングへ移動しましょう。テレビや動画を見ながらの「ながら美容」で、バタバタとケアしがちな洗面所よりも、リラックスした状態でじっくり肌に向き合うことができます。「化粧水15分チャージ」だってここでなら取り入れやすいでしょう？

その時は、一日の仕上げに自分と向き合うチャンス！「頑張っているね」、「キレイだよ」などと、自分自身へ声をかけてあげたり褒めてあげたりしながら、ケアしてみてくださいね。

声をかけたり触ったりするだけで、細胞は活性化し、幸せな気分を感じさせるホルモンも放出されるといいます。自分で自分を癒やす時間は、お肌だけでなく気持ちも整えてくれ、その後の睡眠の質もアップしますよ。

アイクリームはいらない。「指アイロン」で丁寧にシワ伸ばし

「乳液やクリームはすき間時間に塗る」と提案しましたが、その際はできるだけスム

ーズに行いたいものですよね。

私は洗面所、キッチン、リビング、仕事場など、自宅のよくいるスポットごとに、クリームを置いています。わざわざ取りに行く必要がないから、すぐにケアができるので、習慣化もしやすいのです。朝晩のケアに限らず、乾燥が気になった時に気になる部分にサササッと塗ってあげるの。メイクの上からでも大丈夫ですよ。乾燥は気にならないという人でも、例えばシワが気になるという人にもおすすめです。

目元のシワが気になる人もわざわざアイクリームを買わなくて大丈夫。いつものクリームを丁寧に気になる部分に塗ってみましょう。この時、もう一方の手でシワ部分を伸ばすようにすると、クリームが細部にまで密着してケアできます。口元も同じようにすればOKです（70ページ参照）。

何はともあれ乾燥は大敵。気づいたらとにかく「保湿」！　習慣化にかなう方法はありません。

小ジワになりやすい目尻などは、皮膚を引っ張ってクリームを重ね塗りしましょう。うっすらとしたシワなら、アイクリームなしで十分保湿できます。

乳液・クリームは季節や肌に合わせて

乳液とクリームの違いは油分の量です。秋冬や
乾燥の気になる季節はクリームでリッチなケアを。

／乳液

もっちり肌に導くとろみ乳液

とろりとした質感で、美白に効果的な成分を配合。ハトムギエキスやビタミンEで肌の炎症を抑える効果も。肌ラボ 白潤薬用美白乳液［医薬部外品］140ml ¥814（編集部調べ）／ロート製薬

／乳液

なめらかな使い心地で肌を柔らかく

保湿効果の高いセサミオイルをベースにしたなめらかな使い心地の乳液。顔だけでなくボディにも使えるので、1本あると便利です。福美水 FUKUBISUI エッセンスミルク 30ml ¥4,180／福美人

／クリーム

ベタつきのない夜専用クリーム

乾燥の気になる季節におすすめ。夜のケアの最後に使うと、おやすみパック処方で、朝起きた時の肌がふっくらします。なめらか本舗 リンクルナイトクリーム 50g ¥1,100／常盤薬品工業

／乳液

シワやたるみなどの年齢肌をケア

抗酸化力に優れたアスタキサンチンを配合した美白もできる乳液。乾きやすい目元や口元には重ねづけがおすすめ。アスタリフト ホワイト エマルジョン 100ml ¥4,620／富士フイルム

Skincare

日焼け止めは
スキンケアの一部

太陽を浴びて4秒でメラニン生成が始まる

紫外線がシミ、シワやたるみといった3大老化を引き起こす原因であるのは、ご存知ですよね？　**老化の原因の7〜8割は紫外線が原因といわれています。肌作りには紫外線対策がいかに大切か、この数字を見るとよくわかりますよね。**

例えば、シミの原因となるメラニンは紫外線を浴びると生成され始めます。人によって差はありますが、早い場合は、4秒という短い時間にあっという間に生成がスタートしてしまうそうです！　しかも目に紫外線が入ると、それを脳がキャッチしてメラニン生成が活発化するというから油断なりません。

4月に入ると、紫外線の量は8月とそれほど変わらないくらい降り注ぐようになるのに、真夏に比べると寒い日があったり、日差しもそれほど強くなかったりするので、ついつい対策を怠りがち。たとえ空に雲があったとしても、80％の紫外線を通すといわれていますし、家の中にいても窓やカーテンを通して浴びてしまっています。

日焼け止めは春先にアップデートしよう

紫外線を防御するためには、帽子や日傘、サングラスなどが有効ですが、お肌を守るためのマストアイテムはなんといっても、日焼け止め！

知っていただきたいのは、日焼け止めは毎年どんどん進化しているということ。超敏感肌向けのものもあれば、肌色をトーンアップしてキレイに見せてくれるメイクアップ効果の高いもの、さらっとしたテクスチャーなど感触や使い心地にこだわったタイプまで、さまざまな新作が誕生しています。

そこには、まさにメーカーさんが研究を重ねたテクノロジーが、しっかりと反映されています。どんどん使いやすくなって、自分に合ったものを選びやすくなっていますから、そこに乗っからない手はないですよね！

安全に使うという意味でも、その年の分はその年に使いきり、紫外線が強くなり始める毎年4月に、新しいものを導入してみてはいかがでしょうか？

例えば、自宅で過ごすなら、なるべく肌に負担をかけないようなものがいいし、外

で過ごす時間が長くなりそうな時は、多少肌には強めでも、紫外線からがっちりガードするタイプをつけたほうが安心。夏は汗で落ちにくいもの、冬には保湿ができるタイプ……など、季節によって違うものを選ぶのもひとつの手です。今はメイクの上からも使えるスプレー、パウダータイプなど形状や使い方のバリエーションも増えているので、使いやすさという点も選ぶ時のポイントになります。

せっかくいい日焼け止めを選んだとしても、使い方が間違っていると、本来の効果は発揮されません。では、日焼け止めを塗る時に気をつけることといったらなんでしょうか？

それは、「量」です。あまり気にせず塗ってしまう方が多いのではないでしょうか。**首回りまで塗ると考えると、1円玉2枚分くらいを目安に**（79ページ参照）。

できれば、出かける前だけでなく外出先でも塗り直したいものですが、なかなかこまめに塗るのが難しいシチュエーションの場合には、飲むタイプの日焼け止めもあります。

私自身はできるだけサプリメントに頼るのは避けたいので、5～8月の時期の過酷なロケや海、キャンプなどで過ごすといった特別なシチュエーションの際にだけ取り入れています。気になる方は薬局でも買えますが、行きつけの皮膚科などでも処方してもらえます。

スキンケアは季節を先取り

夏はホワイトニング、冬はしっかりめに保湿など、季節によってスキンケアを変える人は多いのではないでしょうか？　基本は保湿がベースですが、気温や湿度が変われば、肌を取り巻く環境もトラブルの傾向も変わるもの。

例えば、紫外線対策やシミのケアは暑くなり始める5月くらいにスタートする方が多いと思いますが、**実はこれではちょっと遅いのです。**

ホワイトニングなどはけっこう刺激が強め。化粧水や乳液、美容液などラインで統一して一気に変えてしまうと、肌が敏感になってしまう可能性があります。だから、まずは3月くらいから美容液だけ先に投入しておきましょう。そうやって肌をちょっとずつ慣らしていくのです。

そう。つまり、スキンケアは季節を先取りするのが肝！　冬の乾燥ケアも、実際に乾燥してから改善していくよりも、予防しておくほうがずっと楽なので、まだ暑気の残る9月くらいからスタートするのがベストです。

急に敏感肌になってしまったら

季節の変わり目や生理前後、ホルモンバランスの崩れによって、思いがけずお肌が敏感になってしまうこともありますよね？　外食が続いたり、体調もお肌に大きな影響を与えます。赤みが出たり、ピリピリしたり、かゆくなったり……。私もそんな症状が出てしまうことがあります。

そんな時は、馬油がおすすめ。馬油は肌への浸透力がとてもいいので、1本持っていると重宝します。私はかなり症状がひどい場合は、馬油のみ。ジュン・コスメティックの『薬用馬油クリームN』を使用しています。

塗り方は、手のひらだけを使って、目の周りなど乾きやすいところに塗っていきます。敏感になっているので、手の温度でやさしくやさしく押さえるように。首も忘れずに塗っていきます。決してこすりません。もう少しケアしたい人なら、導入にホホ

How to

日焼け止めは少量ずつミルフィーユ状に

薄膜を丁寧に重ねることで紫外線防止効果は
もちろん、崩れにくいベースメイクが整います。

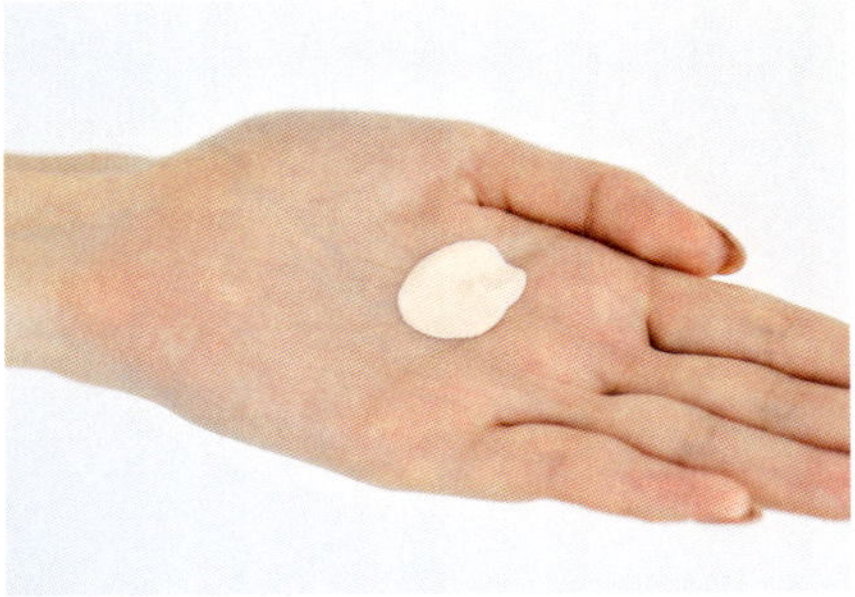

1

全顔で1円玉大くらいが目安

日焼け止めは正しい量を使うことが大前提。顔全体なら、1円玉くらいの量を目安に手のひらに取りましょう。

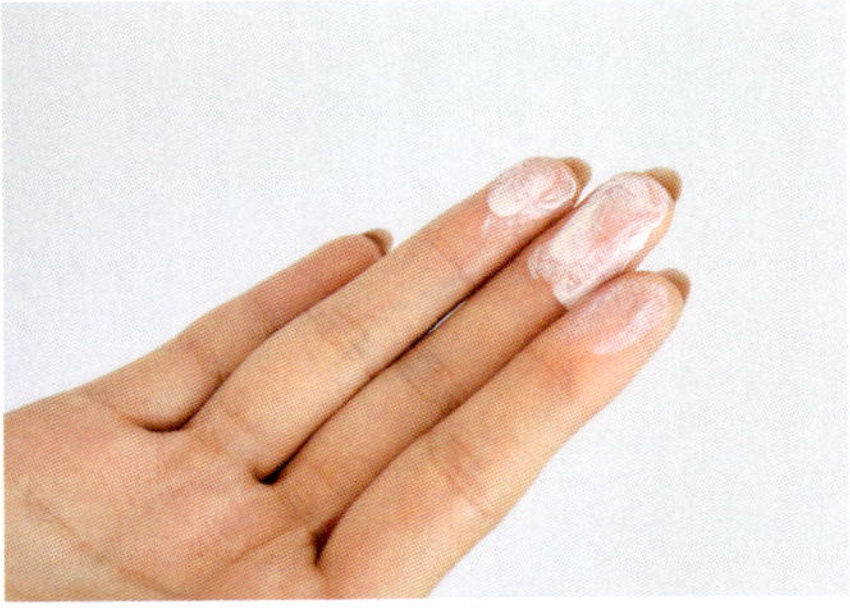

2

少しずつ指にとる

白くならないコツは、少量ずつ塗り重ねること。中指と薬指にうっすらとつくくらいの量をとります。

3

押すようになじませる

肌に日焼け止めのスタンプを塗るようなイメージで、ポンポンと押すようにしてなじませます。②と③を何回も重ねて、両頬、額、鼻周り、あご、目元など全体に。

バオイル＋敏感肌用化粧水とクリームもおすすめです。

　また、敏感肌になってテンションが下がってしまったら、やっぱり脳からのケアも重要。「よく頑張ったね」とお肌に声をかけてあげながら、丁寧に塗ってあげてくださいね。手でやさしく触るだけでも癒やされますよ。敏感肌になっているのは免疫力が落ちている証拠なので、野菜をしっかり食べる、早めに寝るなど、自分を労わってあげてください。

　それでも症状がよくならないという場合は、放っておかないで皮膚科を受診するのが何よりもの早道です。

ベースメイクはいつもより明るいトーンを意識して

モニター上で見ると、いつもと同じメイクのはずなのに、暗くくすんだ印象になりがちなお肌。そうなると一気に老け顔になったようで、気持ちまでダウン。思わず画面から遠のいてしまいたくなりそうですよね……。

ベースメイクもオンラインを意識して少し変えてみることが必要。普段よりも肌がワントーン明るく見えるように、ベースメイク自体を変えてみましょう。

まず、くすみに効く下地はグリーンパールがかったタイプや、白っぽく色づくタイプ。発光して見えるものだと、より明るく上品な仕上がりになりますよ。

ファンデーションは、「美の三角ゾーン」（100ページ参照）と隠したいところだけの部分塗りでOKです。トラブルが隠れるくらいで、そんなに細部を気にしなくて大丈夫。ワントーン明るいものだとベターです。

メイクそのもので工夫するだけでなく、顔の両サイドに白いタオルや発泡スチロールを置いたりするだけで、ライト代わりになって、光が回り、キレイに見えますよ♪

Chapter 3

BASE MAKE-UP

人を惹きつける“透明感”はベースで作る

大人のベースメイクには
ツヤと透明感が必須!

Base Make-up

ナチュラルな
ベースメイクの持つ力

ベースメイクを薄くしたら、若返った！

あなたにとってのメイクって何ですか？

「いつも以上にキレイに見せるもの」「人と会う時のマナー」「コンプレックスを隠すための手段」などなど、いろんな考えがあると思います。とある著名な女性タレントさんとの間で、メイクについて考えさせられる、こんなエピソードがありました。

彼女は以前から、知人や視聴者に「笑うとシワが目立つ」と指摘されるのをとても気に病んでいました。美容整形外科にも相談する一方で、知人の方の紹介で私のところにアドバイスを求めに来てくださいました。

お話を聞くと、頭脳派の彼女はその聡明さゆえに、「メイクは肌のトラブルや老化を隠すものである」と信じ込んで、化粧品のカタログ通りの崩れないメイクをしていました。実はそれが、シワを目立たせる原因になっていたのです。

トラブルを隠すことだけに集中してしまうとメイクは厚くなり、シワが目立ちます。そこで私は、逆にベースメイクを薄くするご提案をしました。

ベース作りで最も大切なのは「透明感」。透明感があれば、小さなアラは目立たなくなります。そしてメイクとのバランスもよくなり、その人本来のナチュラルな魅力が増すのです。

彼女はその後、ナチュラルメイクで再びテレビに出演。結果、自然な表情は好評で、以前のような批判はなく、彼女は自信を取り戻していきました。

「メイクアップ」の言葉の意味の中には、「化粧」という意味だけでなく、(人の)体質、性質という意味もあります。その人が持つ本質を生かした装いをするということ。それがメイクだと私は思うのです。

アラを隠した肌ではなく、人となりが透けて見えるような肌で、あなた自身の魅力を開花させましょう！

大人の肌には透明感とツヤを足す

30代後半以降の女性たちに、なりたい顔について調査したところ、上位にランクインしたのは、北川景子さん、石田ゆり子さん、高岡早紀さん、天海祐希さん、松雪泰

子さん、中谷美紀さん……。

彼女たちに共通するのは、圧倒的な肌の透明感。美人なのに自然体で親しみやすい雰囲気であるというところも、支持されるポイントといえそうですね。この人たちが持つ**「透明感」や「自然体」な顔は、今のトレンドである、いわゆる「セミツヤ」といわれる肌の質感にも通ずるポイントです。**

「セミツヤ肌」は程よいツヤのある質感の肌。大人の女性の肌は、ツヤツヤしすぎていたり、ギラギラしすぎていたらおかしいいし、でもツヤがないと、一気に老けてしまいます。しっかりお手入れされた自分自身のツヤが出れば、健康的にもエレガントにも見えるもの。そのための一番の近道が、スキンケアのパートでもお話しした、しっかり保湿なんですね！

また、毛穴やシミを気にするあまり、ファンデーションを厚塗りしてしまう生徒さんも多く、肌を厚く覆えば覆うほど、自ら透明感を手放していくんです！

理想は、自分の肌の自然なツヤを引き出すようなベースメイク。それが透明感を演出してくれる秘訣です。

具体的には、

1．下地で光を足して

2．ファンデーションを気になるところだけ重ねづけでカバー

というステップで作っていくことができます。

その工程を次からじっくりご紹介しますね！

Base Make-up

下地と最小限のファンデで、透明感は醸し出せる

主役はファンデーションではなく「下地」

ベースメイクのメインとなるのはファンデーションだと思っていませんか？

残念ながら、不正解です。**実は、ベースメイクの主役は、ファンデーションではなく「下地」！　お悩みをカバーし、肌の土台を作るのは、「下地」なのです。**その役割は、トーンアップ、くすみ解消、毛穴隠し、色ムラ補整、崩れ防止、血色プラス、テカリ防止、ファンデーションのノリアップ……などなど、とにかく幅広いのです。

ある程度のお肌のお悩みをカバーしてくれることで、ファンデーションを厚く重ねたり、コンシーラーで隠したりする必要がなくなります。それによって肌をキレイに見せることができます。

今の下地は優秀なので、肌のトラブルが少なければファンデーションがいらないくらい。逆に、下地を使わないと不自然で厚ぼったい仕上がりになってしまいます。そこに気づいているかどうかで、仕上がりがぐんと変わります。

手のひらは最大級の道具。ベースメイクは手塗りが基本

私は、ファンデーションも下地も、手で直接塗っていくのをおすすめしています。手って実は、メイクをするには一番いい温度を保っているので、化粧品をなじませやすいんです。また、自由自在に動かせるから、顔の角度に合わせて絶妙な動きもできちゃいます（94ページ参照）。

言うなれば、あなただけの最高の道具が手のひらです。

それに、下地もファンデーションも、下から上へという向きでつけていけば、マッサージ効果も期待できます。これだけでも、塗り終わった後はすごく引き上がって見えるはず。

上に上げるように塗っていくと、ハイライトやシェーディングなどで立体感を作り出さなくても、下地やファンデーションだけでも、キュッと締まった顔に見せることができます。

そして、手で塗ることの大きなメリットがもうひとつ！　それは、自分の状態を把

握できること。化粧品が肌にどのくらい入っていくか、つまり、化粧のノリの善し悪しがわかるのです。

ざらついているな、乾燥しているな、などと、触りながら確認したり、毛穴が開いているなと思った時は、おやつの食べすぎにまで気づかせてくれたりします。

肌を触ることはまさに「自分を知ること」。毎日、肌に触れて、変化をキャッチして、ケアをしてあげれば、顔はどんどん変わっていきます。不調に早く気がつくことができれば、調整もすぐできるから、リカバリーも簡単です。

手で直接肌を触る時のポイントは、「宝物のように触れる」こと。なぜなら、そうすることで、どんどんキレイになっていく自分を感じることができるから。すると、自然とやさしい自分でいられちゃうんです。

講座の生徒さんの中にも、丁寧に肌を触りながらメイクするようになったら、なんだか周りにやさしくなれて家族から褒められるようになったとか、今まで許せなかった上司も不思議と許せてしまって、仕事が楽しくなってきた！　という人もいらっしゃいましたよ。

下地やファンデーションは、指の腹全体を使うようなイメージで塗りましょう。頬のカーブに沿うように指先を軽く曲げるようにすると、摩擦を起こさずキレイに塗れますよ。

ただし、後からお話ししますが、ファンデーションの仕上げは水を含ませて硬く絞ったスポンジで、上からパッティングすると、なじんで崩れにくくなります。

ともあれ、スキンケアやベースメイクの時間は、自分自身と向き合う大きなチャンス！　ぜひ手で直接触れて、肌と対話してみてくださいね。

下地を使いこなせば、程よい旬顔に

ところで、あなたが使っているベースメイクアイテムは、いつ買ったものですか？　下地やファンデーションを使う肌は、顔の中でも最も面積が広いパーツです。厚塗りやツヤのない肌が老け見えにつながるのは、ベースメイクが全体の印象を良くも悪くも左右するため。そして肌の質感は、その時々のメイクのトレンドにも大きく関わっています。

例えば、マット肌、陶器肌、ツヤ肌などベースメイクにも流行りがあり、今はツヤのあるセミマットな肌＝セミツヤ肌が主流になってきています。

とはいっても、若い時のように流行を追いすぎてしまうのは、なんだかエレガントさに欠けますよね。大人なら割合でいうと全体の2割程度、流行を「匂わせる」くらいがちょうどいいと思います。だから、**存在感が前面に出すぎない下地で流行をさりげなく醸し出すのが、とても効果的。肌の質感によって、簡単にトレンド感のあるナチュラルな旬顔になれます。**

でも、色味から質感まで多種多様な下地がある中で、どうしたら自分にピッタリのものが選べるのでしょうか。

今のトレンドをより意識して選ぶなら、やはり「ツヤ」を出し「透明感」のある肌を作る効果のあるものを選ぶのがおすすめ。パール感があったり、発光したりするタイプの下地がいいでしょう。自分の肌が自然にツヤを出しているような仕込みができるので、すごくいい感じに仕上がりますし、私たちの年代の多くの人が気にしている「くすみ」も解消できますよ。

それにプラスして乾燥肌が気になる人には、美容液のような成分を配合している保湿効果の高いもの、くすみがちな人は薄いピンクやパープル系の色味がおすすめです。

また紫外線対策をしたい人は、しっかりとしたＵＶ効果があるタイプを選ぶと日焼け止め代わりにもなりますよ。

下地は、毎年どんどん新しいものが発売されていて、テクノロジーも年々進化。肌にやさしい処方で、美容液成分も使われている、大人の肌に嬉しいアイテムがたくさんあります。メイクにトレンドを取り入れたいと思うのなら、下地を更新していくと失敗がありません！　年に1回買い替えるなら、アイシャドウでもリップでもなく、私は下地をおすすめします。

下地はツヤのあるタイプを

ピンクトーンや肌色のタイプのツヤ系下地なら、
塗るだけで生き生きとした明るい肌が完成しますよ！

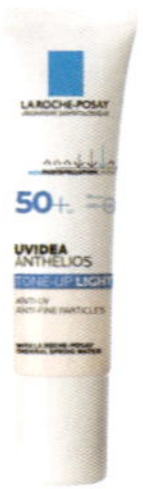

ツヤ系下地

敏感肌にも使える低刺激設計

透明感のあるクリームタイプ。紫外線や花粉などの外的要因から肌を守る効果も。UVイデア XL プロテクショントーンアップ ライトSPF 50+・PA++++ 30ml ¥3,740／ラ ロッシュ ポゼ

ツヤ系下地

血色感と上品なツヤ肌がひと塗りで

みずみずしく伸び広がり、発光するようなツヤとナチュラルな血色感が演出できます。乾燥しやすい大人肌に最適。ロージー グロウライザー SPF20・PA++ 30ml ¥3,520／コスメデコルテ

ツヤ系下地

紫外線対策、保湿もできる下地

ワントーン明るい肌に整えながら、美容液効果で日中の潤いケアも叶う欲張りな1本。アスタリフトD-UVクリア ホワイトソリューション SPF 50+・PA++++ 30g ¥4,290／富士フイルム

ツヤ系下地

肌の凹凸も整えくもりのない肌に

9種もの植物オイルやエキスによる保湿力と血色感で、今どきのツヤ肌に仕立ててくれます。伸びがよいのも◎。アドバンスドエシリアルスムースオペレーター プライマー 30ml ¥6,050／THREE

Base Make-up

ファンデーションは立体感の要

美の三角ゾーンだけの極小塗りが正解

下地だけでもお肌はかなりトーンアップして、キレイになっていると思います。だとするとファンデーションってどのくらい塗ればいいのか、悩んじゃいますよね。

皆さんのメイクを見ていると、量が多いこと、そして塗る範囲が広すぎることが気になります。**ファンデーションの塗り方のポイントは、「量を少なめに」「塗るポイントを絞る」。これにつきます。**

大人の肌のファンデーションは、保湿力のあるリキッドがおすすめ。全体には塗らないので、あずき粒大くらいのごく少量でＯＫ。塗り方も、顔全体にバーッと塗ってしまってはいけません。

私は「美の三角ゾーン」と呼んでいます（１０２ページ参照）。まずは、目の下のくすみやすい部分に少量のファンデーションを置いて、ポンポンと軽くタッピングするようになじませていきます。指で普通に塗り広げてしまうと、周りに分散されてしまって、一番のせたい部分が薄くなってしまいます。そうならないように、やさしくなじませていきましょう（103ページ参照）。

一度塗って、まだくすみや毛穴が気になるなら、ごく薄い量を同じように重ねていきます。一度にたくさんのファンデーションを塗ってしまうと、厚塗り感が出ますが、こうして、ミルフィーユのようにファンデーションを重ねていくことで、自然な立体感となり、顔立ちにメリハリが生まれるのです。ファンデーションの厚みのある部分は自然と視線を集めるので、顔がキュッと上がったような視覚効果も！

また、小鼻の横などの赤みやくすみを消したい時は、その部分にもごく少量のファンデーションを、丁寧にとんとんと塗ってあげれば完璧です。

そして最後に、水で濡らして硬く絞ったスポンジで、美の三角ゾーンに塗ったファンデーションをポンポンと軽く肌全体になじませていきましょう。この最後のひと手間で、均一でありながら、ぐっとナチュラルな肌に変わります。

実はこれは、舞台メイクなどでも使われるテクニック。スポンジでポンポンやさしくたたくだけで、余分な油分が取れて、しっかり肌にフィットし、崩れにくく、持ちのいいベースメイクに仕上がりますよ。

ファンデーションは頬の▽ゾーンだけでOK

笑った時に盛り上がる頬の一部は別名「美の三角ゾーン」
立体感と肌の美しさを際立たせるエリアです。

ファンデーションはニコッと笑った時に盛り上がる頬の▽エリアのみでOK。指の腹にファンデーションを取り、ミルフィーユ状に重ねていきます。

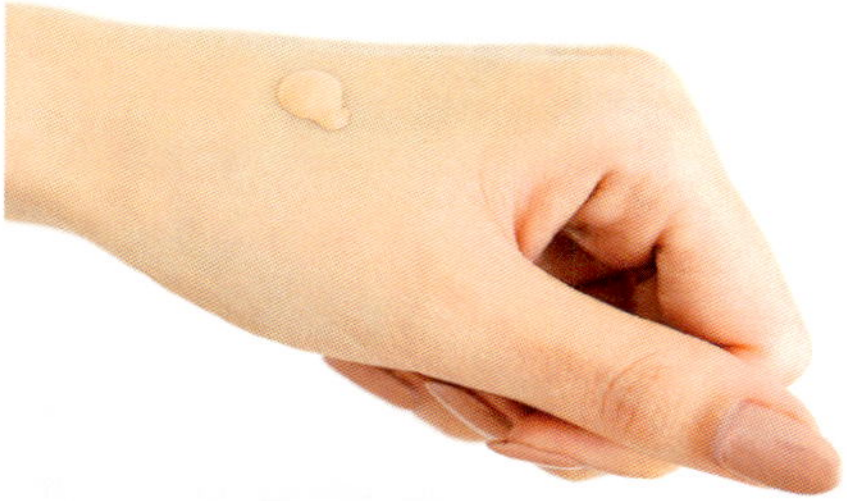

ファンデの量はあずき粒大くらい

部分的にしかファンデーションは塗らないため、使う量は極わずかでOKです。プッシュタイプなら半プッシュほど、あずき粒大くらいを目安にしましょう。

濡れスポンジで肌への密着度アップ

最後に濡らしたスポンジで、ファンデーションを押さえるようにして密着させます。手による筋ムラがなめらかになるほか、余分な油分がオフできて崩れにくくなります。

リキッド／ファンデーション

高いカバー力で自信の持てる肌に

ハイカバーとリアルな肌感を叶えるファンデーション。崩れにくい処方も嬉しい。ケイト リアルカバーリキッド（ライトグロウ）全7色（うち1色はWeb限定色）各¥1,760（編集部調べ）／カネボウ化粧品

リキッド／ファンデーション

清潔感のある上質肌を実現

美容液のようなとろみのあるリキッド。ひと塗りで、毛穴や色ムラなどの肌のアラをカバーし、上品な肌に仕上がります。ヌード ウェア リクイド EX 30ml 全12色 各¥7,700／SUQQU

ファンデの色選びだけで、シミは一掃できます

ファンデーションの色選びにも、大人ならではのコツがあります。

それは**肌よりも、あえて「ワントーン暗め」を選ぶこと。**

皆さん、色白肌を好む傾向が高く、浮かない程度に明るめのファンデーションを選ぶ方が多いので、抵抗があるかもしれませんね。

これまでの章を読んで、しっかりスキンケアをすることで、肌の保湿力が高まってくると、ほかのお悩みに気づき始めます。次なる敵は〝シミ〟。そして実は、肌より明るいトーンのファンデーションはシミを浮き立たせてしまうんです！

ちょっと勇気を出して、いつもよりワントーン暗めのファンデーションに変えてみてください。あら不思議！　シミが目立たない、と皆さん驚かれます。

スキンケアで潤いと透明感がアップして、さらに、下地でトーンの整った肌になっているから、無理に明るくする必要はないんです。首の色と比べて顔が白く浮いてしまうことも防げます。

最近はファッションもカジュアルなものがトレンドなので、ファンデーションの色味が明るすぎて、〝いかにも塗ってます感〟が出てしまうと、顔だけコンサバで、なんだか残念な印象に。自分の好きなファッションとメイクの不自然さを感じていた生徒さんが、ベースメイクの色味を少し落ち着かせただけで、ぐんと垢抜けたということもありました。

とにかくにも、自然な肌に仕上げれば、肌のアラが気にならなくなるだけでなく、ファッションとのトータルバランスも整えられちゃうんです！

薄いシミはファンデのスタンプ塗りでカバー

ファンデーションの色を肌色よりワントーン下げるだけでも、シミは目立たなくなるとお伝えしました。また、美の三角ゾーンにファンデーションをしっかり重ねていれば、そこに視線が集まるので、さらに気にならなくなるはずです。それでも、シミを気にして、コンシーラーを手放せない人もいるのではないでしょうか？

私は、薄いシミであれば、コンシーラーは使わなくてもいいと思っています。

というのも、コンシーラーはファンデーションに比べて硬め。時間が経つと乾燥によってカピカピしてしまうからです。最近は品質も上がってきて、ファンデーションに近いものも増えてきているので一概には言えませんが、頻繁に化粧直しができる人でなければ、避けたほうが無難かなと思います。

どうしても広範囲にわたるシミが気になる場合は、コンシーラー代わりにファンデーションをスタンプを押すように、何度も重ねてあげましょう（107ページ参照）。また、ほうれい線やクマなどが気になる場合にも、お悩み箇所にファンデーションを薄〜くなじませ、やさしくぼかすようなイメージでポンポンと入れ込んであげてみてください。このひと手間だけで、コンシーラーを使わなくても、だいぶ目立たなくなるはずです。

気になる部分にファンデーションを置き、指の腹でトントンとたたいてなじませれば、うっすらとしたクマやシミであれば、簡単にカバーできます。ポイントは、シミなどがない部分にまで広げないこと！

鏡との距離で、厚塗りを回避！

ここまで下地やファンデーションの塗り方についてお伝えしてきましたが、実は塗る時に、気をつけてほしいポイントがあります。それは、鏡との距離。

メイクをする際、鏡に接近しすぎていませんか？　人と接する時、そこまで間近で肌を見ることってありませんよね？

鏡に近づきすぎた状態でメイクをすると、肌の気になる部分をより近くで目にしてしまうことで、無意識にベースメイクが濃くなってしまうんです。ファンデーションも同様に、つい毛穴やシミを隠そうという意識が働いてしまいます。それは、すでにお話ししているように、逆効果となってしまいます。

大事なのは、自分自身を俯瞰してみて、バランスを見ること。つまり、鏡から少し離れた状態で、全体の肌の印象を確認しながらベースメイクを進めてみてください。

これだけで、厚塗り回避に効果ありです！

Base
Make-up

大人に必須の「仕込みチーク」で若見えに！

肌をキレイに見せるベージュの仕込みチーク

大人の肌には、チークはマストです！　なぜなら、チークは「血色」と「メリハリ」を与えてくれるものだからです。**チークを入れるだけで、くすんだ肌もパッと明るくキレイに見えます。これが「血色」としてのチークの役割です。**

また、私たちの顔は肌がたるんだり、骨格が少しずつゆるんだりして、どんどん外へ外へと膨張して見えるようになっていきます。そこにチークをプラスしてあげることで、立体感を演出し、きゅっと引き上がった印象に見せることが叶います。これが「メリハリ」としてのチークの役割です。

チークといえば、オレンジやピンクなどの明るく華やかな色味で、顔に華を添えるポイントメイクを思い浮かべる人が多いのではないでしょうか？

ここで説明したチークはあくまで肌をキレイに見せるための仕込み。色味はピンクやオレンジではなく、ベージュやコーラルをおすすめします。肌にちょっと血色をプラスするくらいのイメージで選ぶといいと思います。

自分の血色がわからないという場合は、簡単に確かめる方法があります。どちらか一方の中指を反対の手でギュッと握ってみてください。そうすると指先が赤くなると思います。その色味があなたの「血色」。それを目安に仕込みチークの色を選びましょう。

大人の好感度チークのコツは〝にゃん〟

仕込みチークは、顔色をよくし、顔の印象を締めることが目的ですから、チークの存在感を極力目立たせないようにのせていくことが大事です。よくありがちなのが、チークの線が残ってしまっていること。それを防ぐために、ブラシにとったらいったん手の甲やティッシュの上でブラシをクルクルと動かして、粉をしっかりブラシになじませましょう。

そして、チークを入れながらリフトアップ効果抜群の仕込みチーク、〝にゃん〟チークをお伝えします（113ページ参照）。

ステップ1／こめかみの部分（黒目より外側）にチークを軽くのせます。

ステップ2／ここで「にっ」と目を細めるように笑って、にゃんこみたいな表情になりましょう。合言葉は「にゃんっ！」。

ステップ3／笑って持ち上がった頬を丸くなぞるようにさらにチークを入れます。


すると、あら不思議！　顔がスッキリ締まって見えませんか？　こめかみと頬骨にダブルで仕込みチークをのせるだけで、色がキレイに入り、自然にほっぺがプルンと上がったような印象になるはず！

一点注意しなければならないポイントがあります。小鼻と耳の真ん中を線で結んで、そこから下には、チークをのせないようにすること。ここにかかってしまうと、ほうれい線が目立ってしまうからです。

この入れ方で、グッと顔が引き上がり、ヘルシーな顔色に！　この上に、フェイスパウダーやハイライトパウダーを美の三角ゾーンだけにのせてあげると、さらにメリハリのあるすっきりとした顔に仕上がりますよ。

ちなみに、チークの形状にはパウダータイプのほかにクリーム状のものがあります。

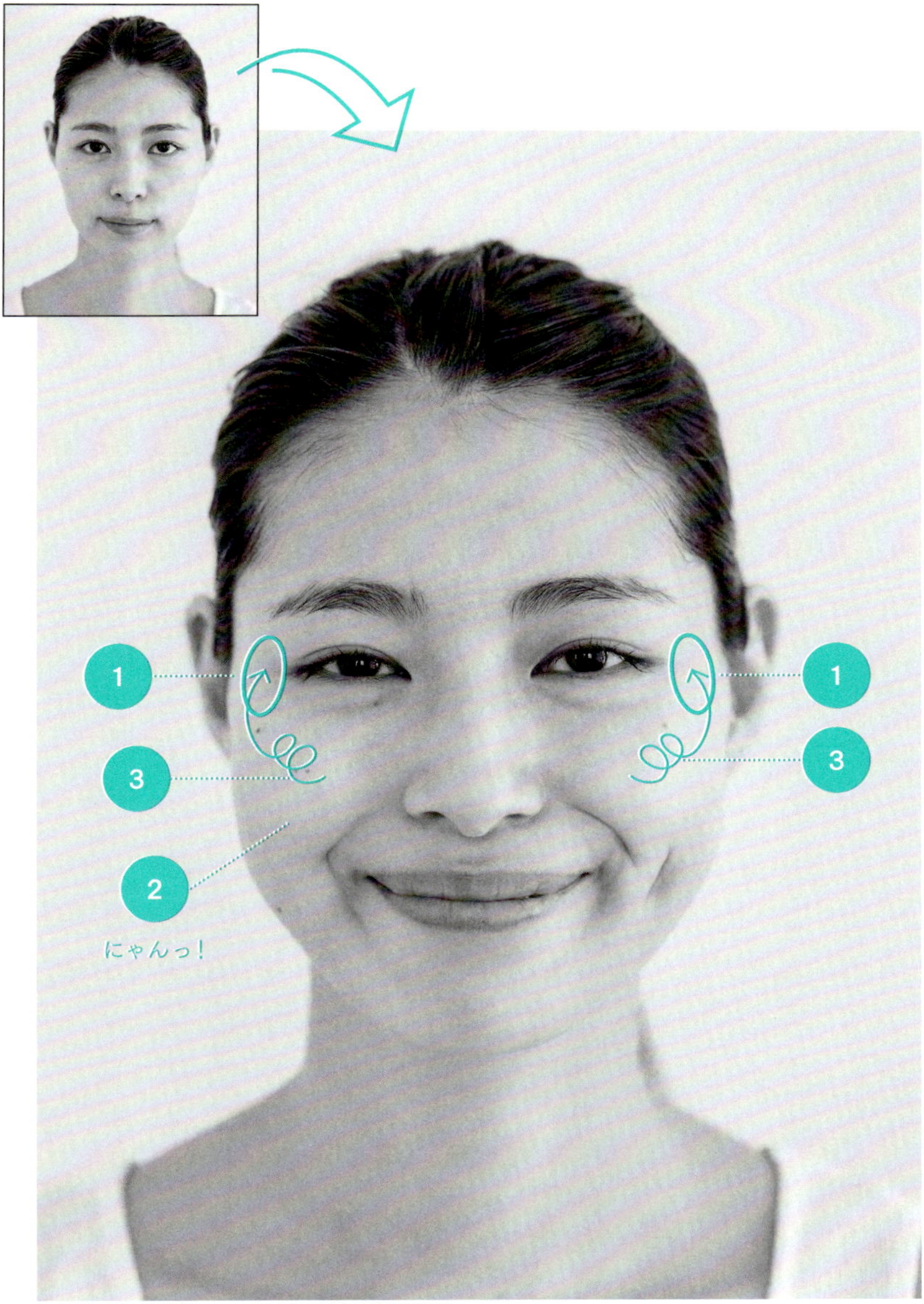

ニコッと笑って膨らんだ部分がチークを入れるポイント。こめかみにチークを軽くのせ（①）、続いて「にゃんっ！」の表情になったら（②）、さらにチークをこめかみに向かって頬骨をなぞるように、丸くブラシを動かして入れましょう（③）。

どちらを選んでもいいと思います。ただし、クリームタイプは毛穴が開いているとあまりキレイにつきません。

毛穴やたるみが気になっている人はパウダーのほうが断然ラクチン。一方で乾燥していて、ツヤを出したい人はクリームタイプのほうがおすすめです。

クリームタイプの場合は、リキッドファンデーションを塗った後に、少量をスポンジでとんとんとやさしくたたくようにのせていきましょう。ツヤを生かしたままの仕込みチークが完成しますよ。

コフレを買うならパレットのチークが断然使える!

仕込み用にしたいベージュやコーラル系のチークを持っていないという人も多いですよね。新しく買う場合は、多種多彩なカラーやハイライト、ローライトまで網羅したパレットを、選択肢に入れてみませんか?

さまざまなコスメブランドが季節限定コフレとしてパレットを出しているケースがほとんどで、定番商品ではないものの、これをひとつ持っておくととっても便利で

肌に溶け込む「仕込みチーク」

おすすめは、ピンクやベージュなどの血色カラーと、
ツヤ出しに欠かせないハイライトがひとつになったタイプ。

ピーチ色は柔らかな雰囲気に

健康的で生き生きとした女性らしい表情を引き立てるピンク。繊細なパールが入っているので華やかさも。キャンメイク グロウフルールチークス 01 ¥880／井田ラボラトリーズ

大人っぽい雰囲気のベージュ

つけたての鮮やかさを夕方までキープできる。シーンを選ばないベージュはひとつあると便利です。キャンメイク グロウフルールチークス 12 ¥880／井田ラボラトリーズ

血色とツヤ感ある肌がこれひとつで

グラデーションチークとツヤ感作りに欠かせないハイライトがセットに。品あるメイクに仕上がります。コフレドール　スマイルアップチークスS　04 ¥2,530（編集部調べ）／カネボウ化粧品

生命力あるメイクを叶える4色

血色感を生み出すチークカラーのほか、肌の陰影をコントロールできる3色がセットに。日本人の肌になじみやすいカラー。デザイニング　フェイスカラーパレット　201OR ¥6,380／イプサ

す！　限定パレットというと、実際に使いにくい色が入っている印象があるかもしれませんが、**チークの場合は、売れ筋から限定色まで、割と失敗しにくいカラーでまとめられていることが多いんです。**

ほとんどのパレットには、ベージュ系のカラーが入っているので、これをベースメイクの一部としての仕込みチークとして使ってみましょう。また、使いにくいカラーがあったとしても、ベージュ系の色味をミックスすれば、捨て色にならず、メイクの幅を広げてくれます。

Vネックで小顔、揺れピアスで華やかさを演出

オンラインコミュニケーションでは、顔周りが勝負どころ。メイクはもちろんですが、「何を着るか」でも印象はガラッと変わることを忘れないでくださいね。

基本として押さえておきたいのは、黒やブラウンなどの暗い色のトップスは、大人世代の肌をくすませて見せてしまうということ。とはいえ、白いトップスも白壁などの背景となじみすぎてしまうことも……。また、タートルネックのような首が詰まったアイテムは顔だけが目立ってしまうため避けたいもの。

というわけで、大人世代におすすめなのは、パステルカラーや淡い色味のトップスです。柔らかさややさしい雰囲気に見えるはずです。小顔効果が高いのは断然Ｖネック。シャツなら第二ボタンくらいまで開けてＶラインを作りましょう。ネックレスをチラッと見せると、さらにデコルテラインがキレイに見えます。これに揺れるタイプのピアスやイヤリングをすれば完璧！　話すたびにチラチラと繊細に揺れる輝きが、エレガントでアクティブな印象に見せてくれます。

Chapter 4

POINT MAKE-UP

大人の たしなみメイクは 周りも幸せにする

印象の変化を恐れず
手持ちのものでトライ!

Point Make-up

ポイントメイクで
自分を演じ分けて

メイクは周りを幸せにする

とある男性がこんなお話をしてくれました。

「仕事の打ち合わせだったけれど、予約したちょっといいレストランに、いつもよりお洒落してきてくれた女性がいました。普段着で来られるよりも、こちらに対する誠意が伝わって嬉しかった」

これってつまりは、**キレイに見せることで相手を気遣っているということ。そう、思いやりです。自分に手をかけてあげて、整えてあげることは、自分を満たすだけでなく、相手も満たしてくれます。**

年齢を重ねると、「今さらキレイになりたいだなんて、恥ずかしいですが……」とおっしゃる方もいます。でもね、あなたがキレイになることは周りの人にも嬉しいことなんです。まずはそこに気づいてほしい。キレイになることをためらったり、どうせわかってもらえないと思ってしまうなら、どうしてキレイになりたいのか、自分の気持ちを深掘りするのがおすすめです。

私の講座の生徒さんたちも、「仕事ができる人に見られたい」「いつも息子にババアって言われるのが本当はイヤで……」と、リアルな気持ちに気づけると、メイクする時の目的意識も変わり、あっという間に変化していきます。

「旦那さんが、洗い物や買い物をしてくれるようになった」

「写真を撮られるのが好きになった」

「ダサいから一緒に歩きたくないと言っていた娘が、一緒に洋服を買いに行くようになった」

「うるせーババァ！　なんて言ってた息子が、私がメイクしてYouTubeを頑張っていたら、知らない間にチャンネル登録をしていた」

そんな嬉しい声もどんどん寄せられています。仕事、家族、友達……見られたい自分はメイクで演じ分けるのもあり！

キレイにすることは自分を大切にすることであり、人に大切にされることでもある。

その事実は、年齢で左右されるものではありません。「今さら」「この年齢だと……」

そんな気持ちは今日から手放してしまいましょう！

必要なのは高価なコスメではなく、テクニックを身につけること

キレイになる入り口として、ポイントメイクはとっても効果的です。だってポイントメイクは、色や入れ方を変えるというちょっとしたテクニックで、大きな変化をもたらす力があるのだから。

その一方で、自分のしたことのないメイクが怖い、という声もよく聞きます。「どんなふうになりたいの?」って聞いてもキョトンとしていたり、「リキッドファンデーションは大変そう……」とか「目が小さいからアイラインは苦手」とか、アドバイスに対して、踏み出せない方が多いんです。その背景には、「知らないからできない」「使ったことがない」なんていう、未知のものに対する不安が隠れています。

ところが！　一回スイッチが入り、テクニックを覚え始めると、一気に変わります。気持ちも見た目も。そのスイッチを入れるのに、ポイントメイクはとっても有効です。例えば、眉毛の描き方を変えるだけでも、印象ががらりと変わります。その変化を実感し、ましてや人に褒められたりすると、メイクがどんどん楽しくなって、「こうな

りたい」「こんな服が着てみたい」っていう気持ちも出てきたりする。そうなると、キレイになるのは早いんです。そこには、高価なコスメは必要ありません。

メイクの練習は落とす前にやってみる

まずメイクを始める前に、今持っているコスメを見直すことをおすすめしています。使わなくなって、忘れているものがたくさん眠っていませんか？　使わなかった理由が、「似合わなかったから」「あまり使えなかった」ならそれは、「似合うようにメイクしていなかった」ということ。例えば、イマイチだったアイシャドウも、今使っているものとまぜてみたり、目尻に小さめのポイントで使ったり。こうやって、いろいろ試すと、「いい感じ」に復活します。

失敗しないコツは今のメイクにプラスしながら試すこと。そのためにも試すのは、**「一日の終わりのメイクを落とす前」がもってこい！「やっぱりおかしいな」って失敗しても、すぐに落とせるのもメリットです。**

手持ちのアイテムを有効活用して「似合わせ力」を磨いた後なら、ほしい道具、足りないコスメもより明確になり、お買い物の失敗も減ります。そう、買う前に、まずは、鏡の前で練習を始めてみる。何が言いたかったかというと、とにかくやってみる！　これが重要なんです！

どこでメイクしてる？　場所を変えるだけでよりキレイに！

スキンケアをする場所はリビングがおすすめだとお話ししたこと、覚えていますか？（忘れてしまってたら、66ページをもう一度読んでくださいね♡）

メイクについても同じです。

女優さんが使う楽屋の鏡を思い浮かべてください。ぐるっと鏡の周りにライトがついて、あらゆる方向から顔にライトが当たるようになっているでしょう？　いわゆる、女優ライトですね。その女優ライト以上に有効な照明が、あなたの家にもあります。

そう「自然光」です！　メイクする場所は家の中で一番明るい（ただし直射日光は当たらない）場所にしてほしいのです。おそらく、多くの方が「リビング」という選択肢になるのではないでしょうか？

さらにメイクの時には、鏡2つとティッシュ1枚の用意をお忘れなく！　鏡のひとつは正面に立てて上半身が映るぐらいの大きさのもの。姿見でもいいでしょう。もうひとつは、しっかり細部まで見られる手鏡を用意してください。2つ用意する意味は、目の前の作業だけにとらわれず全体のバランスをしっかり確認するためです。**メイクは顔だけで完結するものではありません。パーツごとのバランスや、ヘアスタイルやファッションとの色のバランスなどを見るのもとっても大切です。**

ティッシュはチークやアイシャドウなどをつける際に、一度ブラシにとったものをティッシュでなじませるためのもの。これによって、色の出すぎや色ムラを防ぐことができます。ちょっとの手間ではありますが、メイクの仕上がりに影響するので、お試しあれ！

Point Make-up

まずはリップを変える
ところから始めよう

大人のリップは華やか色一択。指塗りで中央から広げる

一見するとハードルが高そうに見えるかもしれませんが、実はリップはポイントメイクの中でも手軽に印象チェンジができるパーツです。難しいテクニックも必要ありません。ひとつアドバイスするとすれば、**大人の女性が選ぶべきは、ベージュなどの落ち着いたカラーではなく、赤やピンクなどの華やかな色！**

なかなか手を出しにくいという人も多いかもしれませんが、実は、私自身も50歳を過ぎて初めて濃い色のリップをつけられるようになったんです。

パッと目を引く、深くてキレイな色を選べば、たいがいどんな人でもいい感じに仕上がります。というのも、年齢を重ねると眉毛やまつ毛など、顔のいろんなパーツが薄くなってくるため、唇にポイントが来ることでバランスがとりやすくなるからです。だから、昔は主張しすぎに見えた派手色のリップが似合うようになるんです。

華やかな色のリップは大人の特権！　ただし、つける時にはちょっとしたポイントがあります。それは輪郭をとらないこと。くっきり輪郭を描き込むと、昭和感が漂う

ちょっと古さを感じさせるメイクになってしまいます。鮮やか色のリップを唇の真ん中につけたら、指でラフに伸ばすだけ（130ページ参照）。それでヌケ感のある今の気分のメイクが完成！　華やかな口元は一気にテンションを上げてくれるもの。リップを変えるのは、簡単で気分も上がって、まさに最初のステップとしてピッタリ。ぜひ勇気を出して、トライしてみてくださいね。

口紅＋パウダーでマスクをしても落ちないリップ

マスクが日常的な今、気になるのは、リップをしても落ちてしまうこと。せっかく塗ったのに、マスクを外した瞬間、顔色まで悪く見えてしまったなんていうことはありませんか？

落ちないリップを作るのに必要なものは、１枚に割いたティッシュと、赤みカラーのアイシャドウやチークだけ（131ページ参照）。

ステップ１／リップを唇につけたら、一度ティッシュで押さえます。

ステップ２／ティッシュの上から、指でアイシャドウをポンポンとのせていきます。

品のあるナチュラルなリップメイクにするのなら、唇の中央に色をなじませ、そこから指先でトントンしながら全体に塗り広げると落ち着いた仕上がりに。「ちょっと派手かな」と感じる色のリップの時などにも使えるテクです。

口紅を塗った上から、1枚に割いたティッシュを重ね、血色カラーのチークやアイシャドウを重ねるだけ。数回繰り返すと、食事してもマスクをしても落ちにくい鮮やかなリップメイクがキープできます。

鮮やかリップ

きらめきのある鮮やかな唇に

口角や唇の山など細かな部分もキレイに塗れるチップタイプは、1本あると便利。レブロン ウルトラ HD マット リップカラー 028 ¥1,650／レブロン

鮮やかリップ

華やか顔がひと塗りで完成！

イマドキマットに仕上がるリップ。1本持っておきたい鮮やかな赤。ルージュ アンリミテッド マット M RD 163 ¥3,740／シュウウエムラ

これを2~3回繰り返すと、唇にしっかり色が密着し、**食べても飲んでもマスクをしていても落ちないリップが完成します。**これは舞台メイクで取り入れている手法を、簡単に応用したものなので、効果抜群!

重ねるパウダーは、リップと同系色でもいいし、真ん中にだけ違う色をのせると、手持ちのリップの印象チェンジも簡単です。赤いリップに、オレンジやイエロー系のアイシャドウなどを重ねるのも可愛いですよ。

老けて見える「唇の縦ジワ」には、リップクリームクルクル塗り

華やかなリップで彩った口元も、唇の縦ジワが目立っていたり、荒れてしまっていては、せっかくの魅力が半減です……。

それに、人は話を聞く時、話し手の動いている口元に視線を集中させます。唇のシワシワやガサガサをじっくり見られているかと思うと、なんだかうまく話ができなくなりそうです。

私自身、もともと唇の縦ジワがとても目立っていました。ヘアメイク中にモデルさ

んに指摘されたりと、何度も情けない思いをしてきました。それがきっかけで、唇のケアを研究するようになり、そもそもなぜ縦ジワが目立つようになったのかがわかりました。

原因は、ずばり乾燥です。唇には皮脂腺がないため、自ら油分を補うことができないのです。普段からしっかりケアしておかないと、水分がどんどん奪われていきます。さらに、ワインや口紅が縦ジワに入り込んだのを放っておくと、色素沈着を起こしてしまうことも！

そうならないための対策は、「気づいたらこまめにリップクリームを塗ること」。当たり前のように思われるでしょうが、大切なのは塗り方です。クルクル小さな円を描くように、そしてすり込むように塗っていきます。マッサージするようにリップクリームを塗っていると、潤うだけでなく、唇の色そのものも美しくなるという、嬉しいおまけつき！　日々の心がけで魅力的な口元を作り上げましょう。

Point Make-up

意志ある女性は魅力的！そのカギを握るのは眉

眉を太くするだけで、たるみ目でも目ヂカラアップ

眉メイクの悩み、意外と尽きないと思います。これまでも、多くの生徒さんの眉に関するお悩みを聞いてきました。

☑眉がうまく描けない……
☑自分に似合う眉の形がわからない……
☑眉尻が眉頭より下がっている……

などなど。その中でもお悩み№1は、左右のバランスが整わないということ。けれど**実は、眉は表情に合わせて動くため、眉頭の高ささえ揃っていれば、多少左右の形がアンバランスでも気にならないんです。**

それよりも意識してほしいのは、「その眉、なりたいイメージに合っていますか?」ということ。

例えば、女性らしいやさしげな印象を与えたいなら、ふんわりした眉。凛としたカッコイイ女性に憧れるなら、太めで直線気味のキリッと眉。上品でエレガントな女性を目指す時は、曲線が美しいアーチ型の眉。こんなふうに、眉次第であなたの印象は大きく変わります。

つまり、**眉をメイクすることは、なりたい自分を表現するということ。**だからこそ、どのパーツよりも眉メイクには時間をかけてほしいと思っています。女優さんやモデルさんなどを観察しては、その人の眉をマネするように練習するのもおすすめです。

また、「たるみ目元で前より目が少し小さくなってきた」「マスカラをつけても、奥二重ですぐ落ちてパンダ目になりがち」「アイラインを入れても隠れてしまう」そんなお悩みはありませんか？　年齢が上がると、目ヂカラは弱くなっていくもの。

そんな時、みなさん目を大きく見せるには、アイメイクを頑張らなければと思われるようですが、そこだけ強調すると不自然になってしまいます。実は、アイメイクではなく、眉を少し太めに立体的に変え、目と眉の距離を狭くしてあげることで、目が大きく見えるのです。目ヂカラが出るし、ずっと若々しい印象にもなるんですよ。

うちの講座の生徒さんにも実際にやっていただくんですが、最初の反応は、「イモトになってませんか？」と、不安顔に……。でも、周囲の反応は予想に反して、大好評！「今まで一度も目が大きいとか言われたことがなかったのに、初対面の方に目ヂカラがありますねと言われるようになりました！」なんて、嬉しい報告が後を断ちません。

眉は、ポイントメイクの中でも、イメージや見た目の印象を大きく左右するということ、覚えておいてくださいね。

眉頭よりも眉尻は上、でリフトアップ見せが叶う

「いかにも描きました！」という不自然な眉を回避する簡単な方法をお伝えします。それは**「眉を真ん中から描き始める」こと！**

とってもシンプルですが、この効果は絶大です。眉は眉頭、中間部分、眉尻と3つのエリアに分かれています。この3つのエリアでは、毛の量と毛流れが違うんです。

●眉頭……毛の量が少なめですき間があり、上向きに生えている
●中間……毛が密集していて、上向き・下向き両方に毛が生えている
●眉尻……中間より少なめ、欠けている部分があり、下に向かって生えている

一番密集している中間から毛流れに沿って、薄いところに向かって描くのが、眉メイクの基本です。眉頭は人によっては手を加える必要がないこともあるくらい。最後にうっすら描き足す程度でＯＫです。

にもかかわらず、実際に描いてみてもらうと、眉頭から描き始める人が多いこと！ それが、「いかにも眉」の原因ですよ。

もうひとつ、大人の眉には重要なポイントが。**眉を描く時には、眉頭よりも眉尻が下がらないように意識すること。**顔の中でフレーム的な役割を果たすのが眉。眉尻に向けて引き上げ気味に描くだけで、顔全体がキュッと上がって見えますよ。

眉ブラシがあれば、眉の苦手意識は7割軽減

眉メイクにペンシルを使っている方も多いと思いますが、パウダーのほうが失敗しにくくて、旬のふんわりソフトな眉に仕上がるのでおすすめです。

コスメに付属するブラシは小さくて使いにくいので、できれば眉ブラシもあるといいでしょう。手元が安定するので失敗が少なく、自然な線やふんわりとしたニュアンス眉に整います。先ほどもお伝えした通り、特に大人世代は太めの眉が目ヂカラアップのためにも効果的。太めの眉ブラシを使えば、ラクに太さのあるふんわり眉が描けるというメリットもあります。眉メイクに苦手意識を持っている人こそ、ぜひ1本取り入れてみてください。

毛の密集している中間エリアをスタート地点にして、眉の真ん中あたりからは横に向かって毛が生えているので横方向に、眉頭は毛が縦に生えているので、縦方向にブラシを入れていきます（143ページ参照）。

ブラシの先端が鼻側にくるようにブラシを持ち、毛の流れに沿って動かしましょう。

ブラシの持ち方さえ間違えなければ、比較的簡単に描けるので、トライしてみてください ね。

また、**眉は顔全体の中で主張しすぎないのが最近のトレンド。**仕上げにブラウンの眉マスカラで、全体を明るくすると垢抜けた印象に仕上がります。

眉マスカラは持っていない人もけっこういらっしゃいますが、ほどよく色をのせることができるので、濃くなりすぎず主張しすぎない自然な眉を作れます。不器用な人はブラシの小さいタイプが使いやすいですよ。

眉メイクは、パウダー・マスカラ・ブラシが基本

パウダーと専用ブラシで足りない部分を描き、
眉マスカラで毛流れを整えると、自然で今っぽい眉に！

パウダー

温もりある眉に仕上がる3色セット

赤みブラウンとパープルの配色は大人っぽい品のある眉に整います。フーミー アイブロウパウダー r.m レディモーヴ ¥1,980／Nuzzle

パウダー

目周りのメイクがこれひとつで

5色セットのパウダー。アイシャドウとして使っても。ルナソル スタイリングアイゾーンコンパクト ¥4,620／カネボウ化粧品

ブラシ

1本で2役のダブルエンド

適度なコシがある筆は繊細な線も、ふんわり感も簡単に。ダブルエンドアイブロウブラシ スマッジタイプ ¥748／ロージーローザ

ブラシ

繊細な線が描ける細筆タイプ

斜めにカットされた毛先は、眉の隙間や輪郭を自然に埋められ、繊細なメイクが。#208S アングル ブロウ ブラシ ¥4,070／M・A・C

眉マスカラ

小さめブラシで自然な仕上がりに

柔らかな眉の質感を損なわず、ツヤのある仕上がりを実現する1本。デジャヴュ アイブロウカラー ナチュラルブラウン ¥880／イミュ

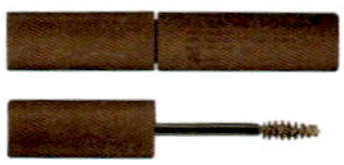

眉マスカラ

柔らか印象を作るダークブラウン

眉毛を固めることなくふんわりとトーンアップ。お湯でオフできるのも嬉しい。アイエディション（ブロウマスカラ）03 ¥1,320／エテュセ

How to

眉のエリアごとに筆の持ち方をチェンジして

持ち方を変えるだけで
自然な流れが再現できます

1

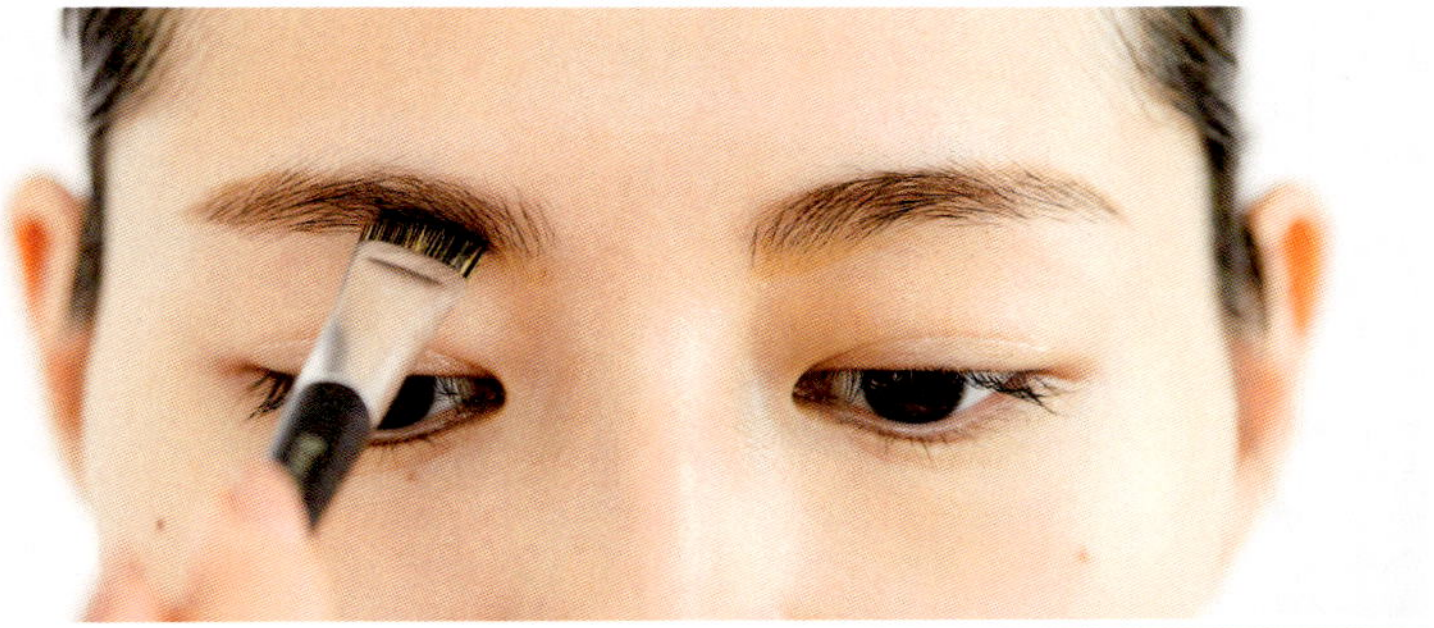

2

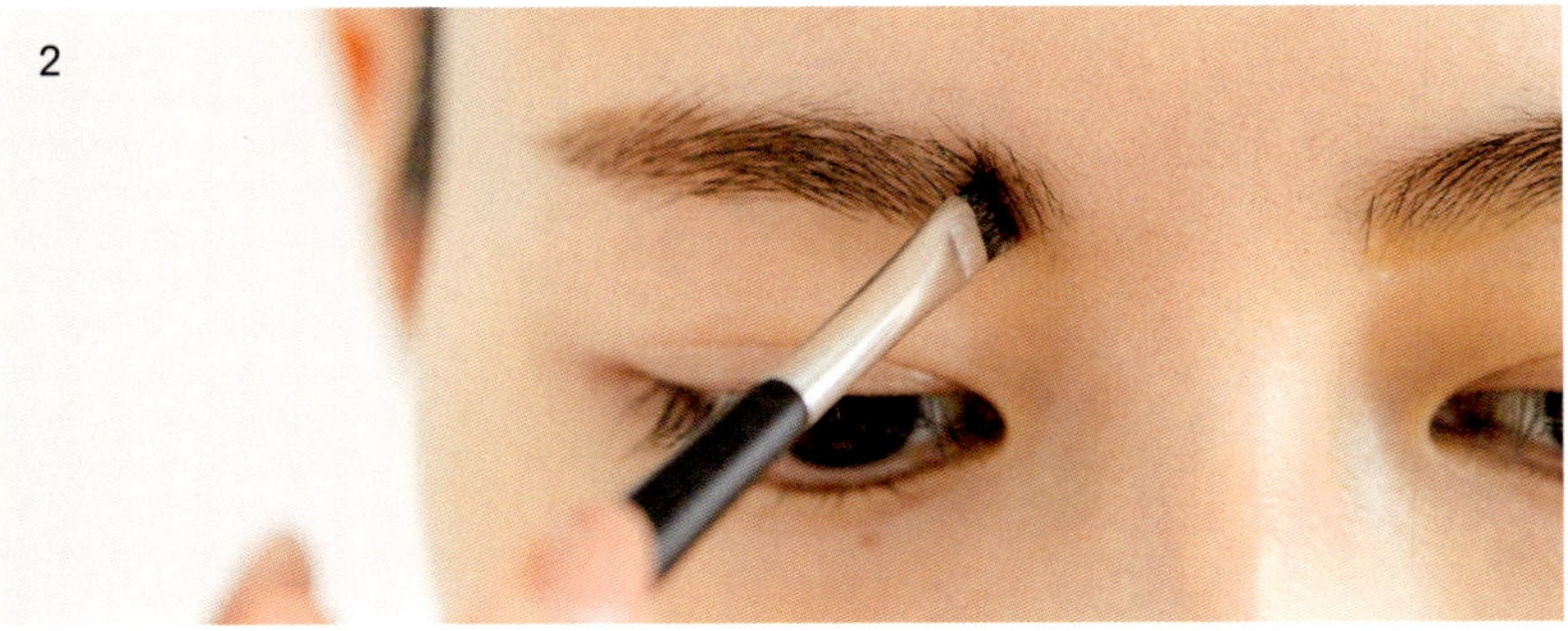

①

中間や眉尻など、毛が横向きに生えている部分は、ブラシの先端が鼻側にくるように持ち、毛流れに沿って横方向にブラシを動かします。

②

眉の中でも一番すき間があいていて、密度の薄い眉頭は、ブラシを縦に持って動かします。なでるような意識でシュッシュッシュと。毛幅が細いブラシなら繊細な線に。

Point Make-up

大人のたるみや
ぼんやり感は
アイメイクに頼ろう

指で立体仕上げ！　メリハリ感をもたらすアイシャドウ

40歳を越えたあたりから気になるのが、目の周りの老化。まつ毛が少なくなってきたり、まぶたがたれてきてしまったり、気づいたらちょっとずつ目ヂカラがなくなって、なんだかたる～んとした印象になっていくんですよね……。私も「眠いんですか？」なんて言われたりすることも（涙）。

たるみを気にしている方から、よくアイラインについて質問されますが、それには割と高度なテクニックがいるんです。それよりは、まずは、**アイシャドウで立体感を出すほうが断然ラクです。色の濃淡によって、目を丸く、立体的に見せることで顔にメリハリをつけて、たるみを気にならなくさせてくれます。**

つけ方は次の通りです。

ステップ1／明るい色のアイシャドウを指にとり、眼球の真ん中の一番高いところに置き、そこからワイパーのような動きで眼球の丸みを生かして指で色をのせていきます。これによって、凸部が明るくなり、高く見えます。
ステップ2／目尻に濃いめの色をのせてあげます。そうすると、目の錯覚で丸みを帯びて見えるようになります。

使うのは、薬指。力が入らないので、ちょうどいい加減でつけることができます

（147ページ参照）。

濃い目の色のアイシャドウをブラシで入れて、アイライン代わりに使うのもおすすめです。アイラインに比べて、線を描くのも失敗しにくいし、たとえ失敗してもぼかしてしまえばキレイなグラデーションが生まれ、目元に奥行きが生まれます。
大人のアイシャドウメイクで大事なポイントがもうひとつ！　下のまぶたの延長線上より下に、アイシャドウがのらないように注意してほしいのです。このラインより下に色がのってしまうと、たるんだ目元に見えてしまいます。メイクを落とす前に、アイライナーなどでまぶたの下からこめかみ方向に伸びる延長線を描いてみて、イメージトレーニングするのもおすすめです。

アイライナー代わりにもなるマスカラでパッチリ感

ハリがなくなった目元を大きく見せたい！　と思った時に頼りたくなるのがマスカラ。ですが、生徒さんたちからは「マスカラをしっかりつけても、奥二重のせいですぐに落ちてしまい、パンダ目になる……」といった声もよく聞きます。このように長さやボリュームを重視するあまり、とにかくしっかりたっぷりマスカラをつけてしまうのは、やりがちな失敗談です。

でも実は、目元がぼんやりとした印象になっていくのは、まつ毛が薄くなることで、目のフレームラインがあいまいになるため。ぼんやり目元の大人世代が意識すべきは、量や長さではなく、

●根元にしっかりマスカラが塗られているか

●まつ毛が上へ上がっているか

この2点だけなんです。

まず上向きまつ毛にするために、ビューラーは必須。根元からしっかり起こします。さらに色気のあるまつ毛にするには、カーブをまつ毛の途中から作ること。ビューラーを持った腕を少しずつ上げていき、ビューラーを当てる位置を動かしながら、複数回挟みます。これできれいなカーブが作れます。

そして**マスカラは、根元が濃くなるように塗るのがポイントです**（150ページ参照）。ここでも、まつ毛を根元から起こすような気持ちで、しっかりブラシを入れましょう。そのまま生え際にマスカラ液をつけるようなイメージで、ブラシを左右に小さく動かします。あとは上へ向かってブラシを抜くだけ。根元を黒々と密集して見せることができれば、それはアイラインと同じ効果。簡単にぱっちり目になれちゃいます。

ちなみに、アイラインを入れるなら、目尻にだけがおすすめです。黒目の終わりあたりから、まつ毛の生え際をなぞるようにして目尻部分だけ2ミリほど引き上げるように線を引いてみてください。たるんできたまぶたが引き上がって見え、目元がキュッと締まった印象になります。

アイライン＆マスカラは最小限のコツでOK

大人の目元メイクのポイントを押さえれば、
目元が引き締まって
印象的な横顔になりますよ

1

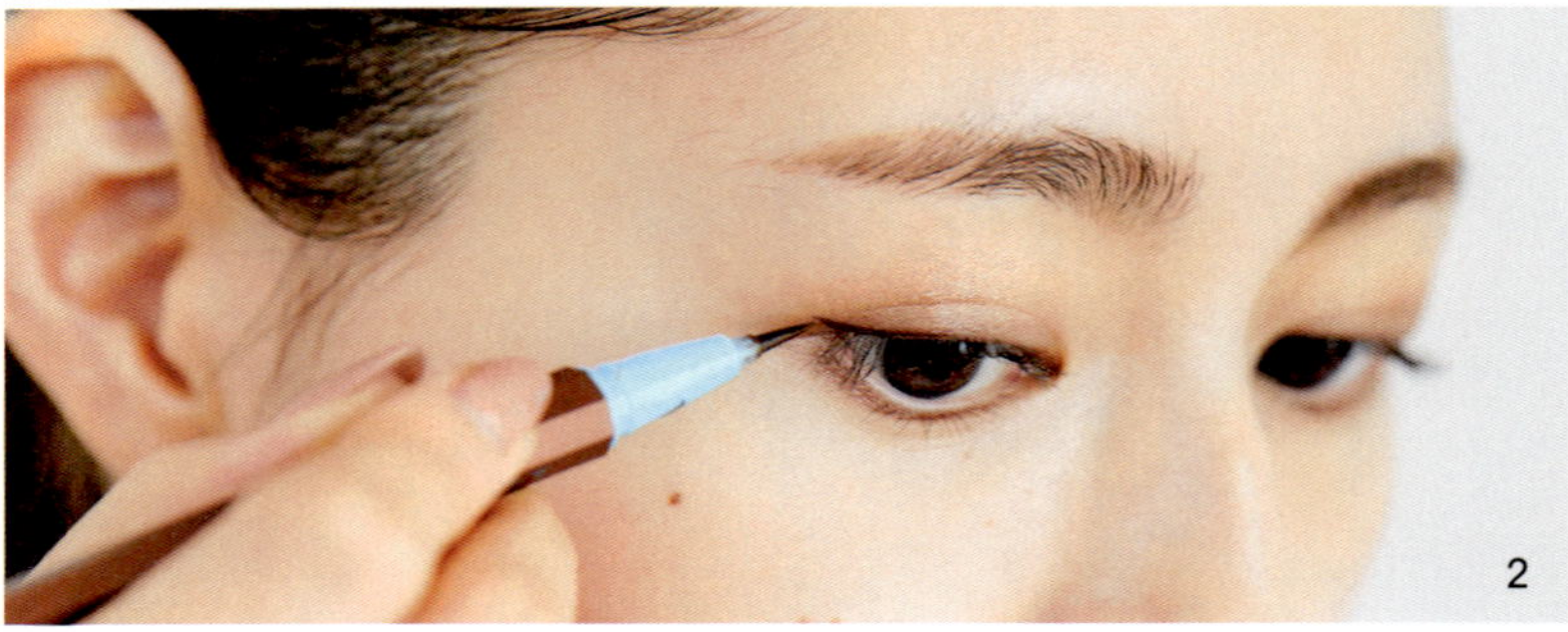
2

1

マスカラは根元から引き上げる

まつ毛は長さや太さよりも、根元の密度が重要。まつ毛の根元にブラシを入れたら、そのまま左右に小刻みにブラシを動かし、まつ毛を持ち上げるようにすっと抜いて。

2

アイラインは目尻だけにすっと

黒目の外側くらいを目安にアイライナーの筆先を入れます。まつ毛の根元に沿って目尻にまで線を引いたら、ブラシを抜きながら線を伸ばすだけ！

大人の目元に黒は不要。ブラウンを選ぼう

マスカラやアイライナー＝黒というイメージの方が多いでしょうが、ぜひブラウン系を選びましょう！　というのも、大人世代が黒で目元を囲んでしまうと、主張が強く怖い印象になってしまうから……。また、まつ毛が少なくなった大人のぼんやり目元には、黒はコントラストが強く失敗が目立ちやすい色でもあります。一方、**ブラウン系なら、ぼかしやすい色で失敗しにくいですし、さらに柔らかで親しみやすく、話しかけやすい雰囲気も演出できます。**

アイシャドウも、まずひとつ持っておきたいのは、肌なじみのいいベージュやブラウンカラー。強くなりすぎずふんわりと仕上がるし、立体感を出しやすく、どんなファッションとも相性抜群だからです。４色くらいのパレットを持っている場合、説明書通りに使ってあげれば立体感が上手に出せるはず。もし、特定の色が余っているようなら、「まぶたの丸みが一番出ている部分には明るい色、まつ毛のキワには暗い色、中間の色はまぶた全体に」と覚えておくといいですよ。

Point Make-up

顔タイプを知ると
チークは小顔を作る
最強アイテムに

「仕上げチーク」は雰囲気を変える味方になる

メイクの最後に入れるのが、「仕上げチーク」です。

ベースメイクでは「仕込みチーク」についてご紹介しましたが、ポイントメイクとしてチークを入れる場合は、足りなければ色を足すという感覚で、全体のバランスを見てプラスするかどうか判断します。ちなみに**好感度の高い大人チークのポイントは、「塗りました感」を見せないこと。塗った線の跡などを残さないように、ほんのりと色をのせたいので、シアーな発色がマストになります。**

例えば、ピンクは目立つカラーなので、選ぶなら透け感のあるタイプがおすすめ。ふんわりやさしげな印象を与えることができます。ウォームベージュは、クールな印象。ビジネスシーンにも合う色ですが、赤みを含んだ温かみを感じさせる色にしましょう。そして、黄みがかったピンクのコーラルは、日本人の肌になじみやすいので、どんなメイクにも万能です。

おてもやんにならないコツは、ブラシにしっかり入れ込むこと

メイクをバージョンアップするには、道具よりもテクニックとお伝えしましたが、チークに関しては、**ちょっといいチークブラシを選ぶのがおすすめです。というのも、大人世代のメイクで大切なのは、「チークが主張しないこと」だから。専用のチークブラシを使うことで、ごくごく自然に血色のいい肌に見せてくれるのです。**一般的に、価格が高いものほど毛足が豊かで粉含みがよく、キレイにつけられます。最初は3000～40000円くらいの価格帯のものを選ぶとよいでしょう。

まず、ブラシにチークをとったら、ムラにならないようにティッシュの上で、毛の中までしっかり入れ込んでいきます（155ページ参照）。これでつけすぎる心配がありません。一度に肌にのせる量は、一見わからないくらいがちょうどいいんです。逆に、肌にのせた瞬間、すぐに色が出た時点でアウトだと思ってください。3～4回重ねてから、ほんのり色づくように重ねてあげましょう。テクニックに自信がない人は「少量ずつ」が、メイクのポイントですよ！

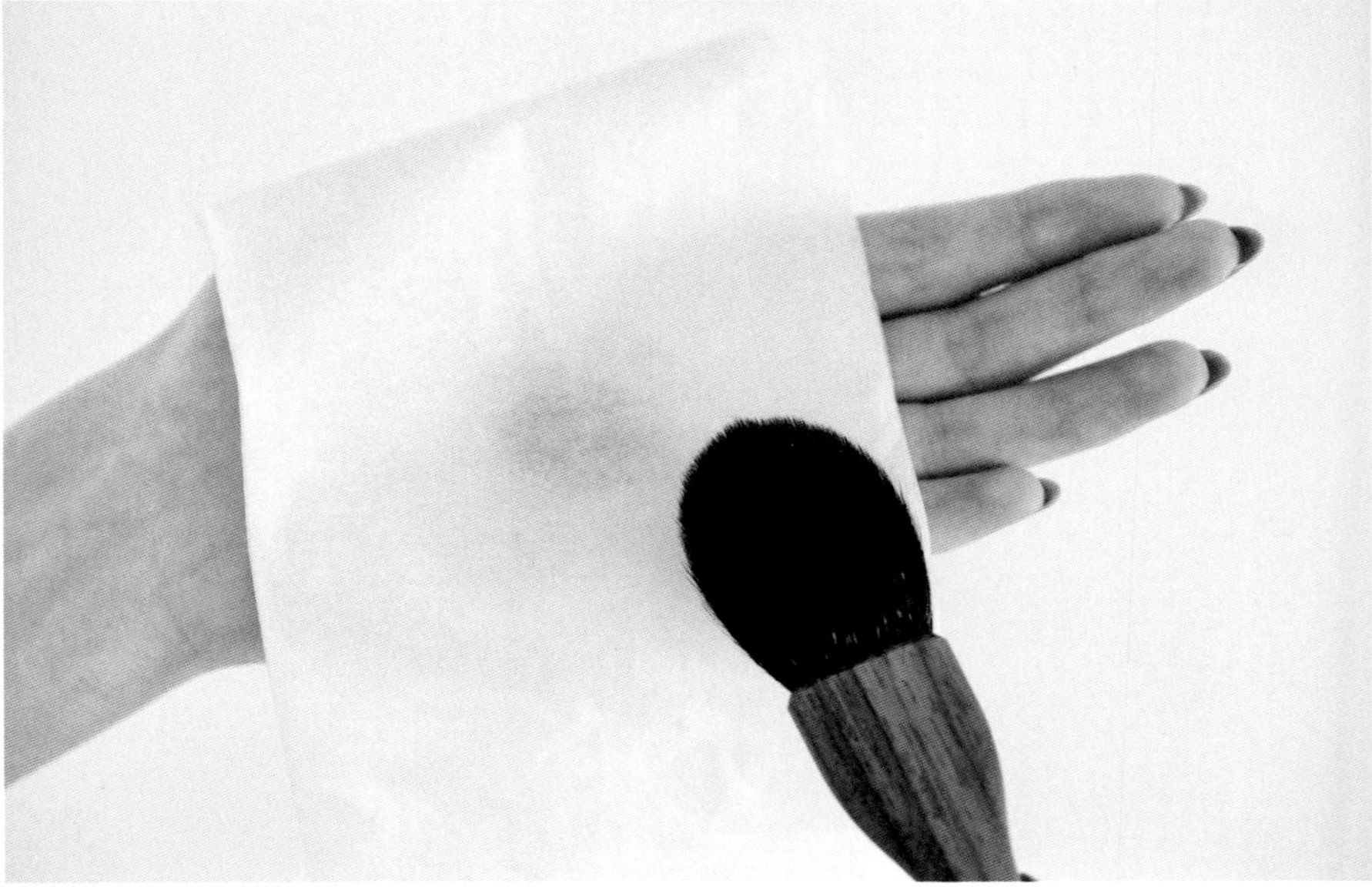

チークの量は、ブラシの半分が色づくくらいが目安（上）。そして、ブラシにとったらそのまま頬にのせるのはNG！　ティッシュの上でブラシをしごくように動かして奥まで粉を含ませるのを忘れずに（下）。

丸型orビーンズ型。同じ色でも入れ方で雰囲気チェンジが可能

チークは、カラーをプラスすることで、なりたいイメージに仕上げるという役割を持つだけでなく、立体感を演出して、小顔を叶えるポイントメイクでもあります。

また、入れる形状によって、自由自在に印象を変えることだってできます。

年齢を重ねると、どんどん顔の〝空間〟が気になってきます。横にも縦にも顔の面積が広がり、なんだか間の抜けた印象に見える気がして、余白をどうにか埋めたくなりますよね。

それが、チークが入るだけで、だいぶ印象が変わるんです（158ページ参照）。

●まん丸型…頬にハリと丸みを生んで、若々しく可愛いらしい印象に。円が小さいと子供っぽくなります。

●ビーンズ型…シャープでニュートラルな印象になるので、ビジネスシーンでも取り入れやすい万能のフォルムです。

同じチークでも入れ方を変えるだけで印象チェンジが楽しめます。

さらに、チークを入れる際には、

●頬骨の高い位置を中心に仕上げること

●側面まで入れすぎないこと

をお忘れなく！　ベースメイクの「仕込みチーク」でもお伝えしましたが、耳の真ん中と小鼻を結んだ線より下には、チークをのせてはいけません。ほうれい線に色がのってしまうと、たるんで老け見えする原因に！　大人のメイクの秘訣は、視線をちょっと上に集めることを心がけましょうね。

チークの塗り方によって印象をチェンジ!

チークの形や位置で与える印象は変わるので、
今日はどんな雰囲気にしたいかで選んでみて!

まん丸チークは可愛らしい印象に

ニコッと笑って盛り上がる部分を中心に、頬全体にふわりと広げるようになじませれば、柔らかでやさしげな雰囲気になります。デートや初対面の人と会う時に。

ビーンズチークはシャープな印象に

ニコッと笑って盛り上がる部分から、こめかみにかけてビーンズ型を意識して入れると、引き締まったイメージに。凜とした雰囲気や小顔感が際立ちます。

SHOKO流お化粧直しの作法

朝、せっかく上手にメイクができたとしても、時間が経つと化粧崩れが気になってしまうという人もいるかもしれません。でも、本書でお伝えしたスキンケアやベースメイクをしていれば、それほど崩れは気にならないはず。

私が化粧直し用に持ち歩くアイテムは、とってもミニマムです！ マストアイテムは次の通り。

- ●ジップ付きのビニール袋に入れた、手持ちのクリームをなじませた綿棒
- ●リップ
- ●ファンデーション

このくらいです。

皆さんが化粧直しで気になるのは、テカリや、アイメイクやマスカラが落ちていた

り、目の周りが乾燥でシワシワしたりといったように、ほぼ目の周りで起きているのではないでしょうか？　お直しするのは、基本は目元だけでＯＫ！　そして、目元の崩れには、綿棒がとっても便利なんです。この綿棒についたクリームで、目の下の崩れたファンデーションをふき取ります。そこからさらに指でとんとんとやさしくたたき込むように、クリームの油分をなじませていきます。このようにしてメイクを潔くふき取ったら、「美の三角ゾーン」にファンデーションをつけ直しましょう。

メイク全体は時間が経過するとちょうどいい密着感で肌になじみ、クリームのお直しによって目の下はちゃんと潤っているので、なんだか最初よりもかえって色っぽい仕上がりに！　ここにさらに、リップをプラスしてあげればお直しは完成。そう！直すのは、本当に一部だけでＯＫなんです。荷物も軽く済むのも嬉しいですよね。

ボトムの恰好は映ってなくても、なんとなーく伝わります

皆さん、オンラインミーティングなら、「画面に映るのは顔だけだから……」って、ちょっと油断してはいませんか？　まさか、下半身はパジャマや部屋着のまま……なんて人はいませんよね（笑）？

実際には映ってないからといっても、モニター越しでもちょっとだらしない感じや気の抜けた感じは、なんとなく伝わるんです！

モデルさんや女優さんは、たとえテレビの画面や雑誌の誌面に全身が映らなくても、下着にまで気を配っていたり、ハイヒールを履いたりして収録や撮影に臨んでいます。なぜなら下半身がだらけていたら、表情や雰囲気にも出てしまうということを、プロだからこそ知っているんです。

逆に言うと、そこがほかの人に差をつけられるチャンスでもあります。リアルで対面した時、顔の印象が占める割合は55％といわれますが、オンラインで最初の印象を決めるのは顔だけ。だから、緊張感を持ちながら、自信のある表情で映りたいもの。そんなことも意識してみてくださいね。

Chapter 5

HAIR & MASSAGE

輝くオーラは髪と笑顔から

柔らか頭皮や弾ける笑顔は
すき間時間でゲット!

Hair & Massage

ヘアケア＝肌ケア。頭皮は顔とつながっている

ツヤ髪も柔らか頭皮も、ブラッシングで手に入る

髪型は、美人オーラを醸し出す最重要ポイント。全体の印象を大きく左右するパーツです。私も、夫とデートの時には前髪をおろして可愛く見せたり、仕事の時にはおでこを出してキリッと見せたりと、髪型によって印象をチェンジします。

と、こういう話をすると必ず聞かれるのが、「私に似合う髪型は？」「年齢を重ねたらやっぱりショートヘアにしないとダメですか？」という質問。ヘアスタイルはメイクと同じように自己演出の延長上にあるものです。だからこそ、肌と同じように手入れだって必要です。似合う髪型にしたからといって、パサパサでツヤのない髪では、魅力も半減ですよね。

実は、髪も肌と同じように老化していきます。太く、硬くなり、大人特有のうねりが出てきて、まとまりにくくなります。それを改善するために、**まずどんな人にも共通してやってほしいのが、「ブラッシング」です。**

ブラッシングは、頭皮に刺激を与えて地肌の血流を促してくれます。また、髪のツ

ヤを引き出し、うねりを整えて、ヘアスタイルを落ち着かせることもできるのです。朝のスタイリングの時にくしを通すだけでなく、お風呂に入る前にブラッシングをしましょう（167ページ参照）。それだけで、髪の毛の汚れやほこりが取れやすくなりますし、シャンプーの泡立ちだってよくなります。

トリートメントなど毛髪のケアも大切ですが、何はともあれまずはブラッシング！それだけで髪のコンディションは随分と変わるはずです。

毎日のシャンプーで頭皮を柔らかく

どんなに顔のお手入れを頑張っていても、その上にある頭皮がカチコチでは、せっかくの効果も半減します。

顔と頭皮は一枚の皮でつながっています。頭皮が硬くなっていると、額のシワができやすくなりますし、顔全体のたるみの原因にも！　特に生え際は、多くの人が凝り固まっているパーツ。毎日のシャンプーの時間を利用してマッサージしましょう！ポイントは、指の腹でしっかり揉みほぐしてあげること。

シャンプー前のブラッシングは髪の毛の汚れを落としやすくするほか、頭皮マッサージの役割も。前から後ろ、右から左、後ろから前と多方向にとかしましょう。しっとりしたツヤを出すのに、つげぐしは効果的ですが、ブラシでももちろんOKです。

前髪の生え際から頭頂部へ向けて、指の腹で円を描きながら揉みほぐします（170ページ参照）。両側も耳周りから頭頂部へ向けて側頭筋をほぐし、後頭部もうなじから頭頂部へ向けて揉みほぐします。シャンプー＝髪を洗うとイメージしがちですが、事前のブラッシングでたいていの汚れは浮き上がるので、泡を手ぐしで通す程度でＯＫ。今日からは、シャンプー＝頭皮マッサージの時間です！　ちなみに、私のお気に入りは、泡立たないタイプのクリームシャンプー。液だれしないので、湯船につかりながらゆっくり頭皮マッサージができるんです。

お風呂に入りながらだけでなく、「疲れたな」と思った時に頭皮をマッサージするのもおすすめ！　特に耳の上の側頭筋のコリはたるみの原因になるので、手をグーにして第二関節で小さく円を描くようにマメに揉みほぐしてくださいね。さらに、ツボがたくさん集まっている頭頂部は、親指の関節を使ってほぐしましょう！　疲れた〜と思った時に肩回しをする感覚で頭を揉みほぐすと、思った以上にスッキリ。

指先でつまめて触ると柔らかい。そんな頭皮を目指しましょう！

白髪とアホ毛は老け見えの二大巨頭

老け見えの象徴とも言うべき白髪も、原因のひとつは頭皮の血行不良。特に白髪が出てきやすいのは、先ほどお話しした、強張りやすいこめかみや生え際ではないですか？　白髪予防のためにも、ブラッシングやマッサージは有効です。とはいえ、一朝一夕で改善するわけではないので、白髪を部分的にレタッチできるマスカラタイプの白髪染めなどが一本あると、お出かけ前のテンションアップに役立ちます。

白髪と同じくらい魅力を地に落とす（！）のが、「アホ毛」。あの、頭の上からぴょんぴょん飛び出た毛のことです。どんなに完璧にメイクをしても、アホ毛があるだけで、だらしなく見えたり老け見えしてしまいます。くしにハードスプレーをシュッと吹きかけ、髪をとかした後、手でなでつけるようにやさしく押さえるだけで目立たなくなります。

大人の女性のお出かけ前のたしなみとして、意識してみてくださいね。

シャンプーなどの際には指の腹で頭皮を下から上へ揉みほぐすのを習慣に(上)。ツボが集まる頭頂部は手を組んで親指の第二関節で押すようにします(中)。フェイスラインのたるみにつながる耳上は、グーをした状態でグリグリしましょう(下)。

Hair & Massage

表情がない人は
老けやすい

「油断した時の顔」に年齢が出る

電車の窓に映った顔にギョッとしたり、友達に隠し撮りされた写真を見てびっくり！　油断した時の顔が想像以上に老けて見える経験、ありませんか？　その油断した時の顔こそが、普段、周りの人が見ているあなたの顔！

顔は体の中でも特にたくさんの筋肉が集まっています。顔の筋肉だって意識していないと衰えてしまうのは当然。小さい子が、顔をくしゃくしゃにして泣いている姿が可愛らしいのは、表情が豊かで筋肉が柔らかいから。女優さんが、演じるシーンや役によっていろんな顔ができ、泣き顔まで美しいのも、常に表情筋を鍛えているからです。

元気なのに、疲れてる？　大丈夫？　と心配されてしまったり、そのつもりがないのに怒っているの？　と言われたり、笑顔がいびつな人は、表情筋を上手に使えていない可能性大です。

その第一歩が、笑うこと！　大人になって性格を直すのはなかなか大変ですが、笑うことならできますよね？　表情豊かに話す人は、それだけで魅力的ですし、顔の筋肉を使うことにもつながります。笑顔には「私は幸せ」と脳を騙す効果だってあるんですよ。どんな年齢でも「素敵ね」「可愛いね」と言われる人は、感情と表情がしっかりリンクしています。ほら、これを読んでいる今も、あなたの口角、下がっていませんか？

まずはつまんで顔をゆるめよう

いざ、表情筋を鍛えましょう！　と言っても、普段顔を動かすことに慣れていないと、意外に難しいものです。筋肉が凝り固まり、皮膚と脂肪が癒着してしまっている状態だと、顔はたるみやすくなり、マッサージや表情筋を鍛えるエクササイズをしても効果が出にくくなります。だからまずは、ゆるめることから始めましょう！

ゆるめるための最も簡単な方法が、皮膚をやさしくつまむこと。親指と人差し指を使って、皮膚をやさしくつまんでみてください（175ページ参照）。皮膚の厚さは2ミリ程度で、その下に表情筋があります。4〜5ミリほど厚めにつまめてしまうなら、皮膚と脂肪が癒着している状態です。

上まぶたのたるみが気になる人は眉を、ほうれい線が気になる人はほうれい線を、と気になる部分をつまみます。ほかにも額や口元など、顔全体を小さくつまみましょう。この時、一緒にぜひチェックしてほしいのが、こめかみや耳の上あたりの頭皮です。耳の上の頭皮（側頭筋の位置）がつまめない人は、フェイスラインのたるみが加速中！　指先でつまむのが難しければ、人差し指を鉤形《かぎ》にして第二関節あたりと親指でつまみましょう。小さくつまんだらそのまま小刻みに揺らす、を繰り返すと次第に皮膚がゆるんでいきます。私もこれだけは毎日やらないと、顔が持ちません（笑）。テレビやYouTubeを見ながらでもできるので、一日の疲れを取る習慣にしてください。

「私なんて……」はキレイの敵！　笑顔は一生の宝もの

写真を撮る時にうまく笑えない。笑うと、左右の口のズレやシワが気になる——こんなお悩みで写真を撮るのが苦手という方が、講座にはたくさんいらっしゃいます。

親指と人差し指を使い、表面の皮膚をやさしくつまみましょう（上）。パソコンやスマホなどで目を酷使した時や、目元のたるみが気になる人は、眉を上下につまむのもおすすめ（中）。耳上の頭皮がつまめない人はたるみが加速する可能性が！　こまめにさわりましょう（下）。

そこで、後ほどご説明する「舌回し」を実践した生徒さんがいました（183ページ参照）。もともとは、二重アゴが気になる・太っている・うまく笑えない・笑うと目がなくなる、という数々のコンプレックスの持ち主。自分の顔が嫌いで、写真撮影も苦手。事あるごとに「私なんて……」が口ぐせの方でした。

でも、「ダイエットは難しいけど、舌回しなら頑張れるかも」と一日200回（！）続けた結果、スムーズに口角が上がるように！　写真撮影をするたびにどんどんキレイになっていき、「嫌いだった顔が好きになりました！」と言ってくれたんです。自信って笑顔をこんなにも魅力的にするのかと、変わっていく彼女を間近で見ることができて、とっても幸せでした。

そう、笑顔は一生もの！　あなたが今、何歳でも関係ありません。思い立った今日が、始め時ですからね。

Hair & Massage

5年後のたるみを回避するすき間時間の顔体操

メイクしたままでOK！　気づいた時の顔体操でたるみ予防

「SHOKOさん。急に老けてきたんです！　助けてください」――こう言って私のもとに来てくださる方がたくさんいますが、急には老けません（笑）！　老化は少しずつ進んでいくもの。急に老けたとか、たるんできたと感じるのなら、それは、鏡を見てこなかった証拠です。

でも大丈夫。気づいたのなら、キレイになりたいと思ったのなら、それはチャンス！　気づけた自分を褒めてあげてくださいね。たるみは、①表情筋が凝り固まっている、②顔の筋肉の運動不足、のふたつが原因です。歩かないと足腰が衰えていくのと同じで、顔の筋肉も動かさないと衰え、それがたるみになっていきます。例えば、口角を上げながらパソコン作業をするなど（179ページ参照）、顔体操は仕事や家事の合間、スマホを見ている間に気が向いたらやればOK！　顔を触らないのでメイクをしたままできますし、準備も必要ありません。気づいた時に、気が向いたらやる。その積み重ねが、5年後、10年後の差になりますよ。

ブラウス、ジャケット／ともにトロワズィエムチャコ（アプレドゥマン）、メガネ／BJ CLASSIC COLLECTION（Eye's Press）

ほうれい線に効く！　口の体操

マスクが日常的になった今、「見えないから」とマスクの下では、口角がどんどん下がっています。マスクをつけての会話は自然と口の動きが小さくなってしまうため、今まで以上に顔の下半分の筋肉が衰えてしまいがち。実際、この一年ほどでほうれい線がくっきりし始めた！　なんて悲鳴も聞こえてきます（涙）。

【笑顔が輝く！　舌回し】（183ページ参照）

ぜひ、マスクの下でこっそり取り組んでほしいのが、「舌回し」です。やり方はとっても簡単。上下の歯茎を舌でなぞるように回すだけ。右回しと左回しを数回ずつ繰り返しましょう。10回ずつ程度でも舌が疲れてくるはずです。生徒さんは、このエクササイズを一日200回頑張ったら、笑顔が劇的に素敵になりました！　私も最近は、駅まで歩く時にはマスクの下で舌回し♪　が日課です。疲れたらしっかりほぐしてくださいね。マスク生活を嘆くのではなく、見えないことを逆手にとって、ながらでこっそり舌回しをして、周りと差をつけちゃいましょう。

【口角を上げる！　お箸くわえ】（183ページ参照）

パソコンと睨めっこしている時や考えごとをしている時、つい「へ」の字口になっていませんか？　そんな時は、割り箸をくわえましょう！　お箸をくわえてさらに口角をキュッ！と引き上げるだけ。15分ほどでも口角や頬が痛くなってくるはずです。会社では難しいけど（笑）、テレワークの時など、10分程度でもOKなのでぜひ取り入れてみてください。

目周りのたるみに効く！　眼輪筋体操

年齢とともに、まぶたがかぶさるようにたるんできたり、二重幅が三重や奥二重になるなど目元が年齢とともに変化してきたという人は、目周りの眼輪筋を鍛えましょう。本来、目の周りについている筋肉は、目が飛び出てこないように圧力がかかっているもの。けれど、加齢によってそれが弱まりたるむのです。目の奥はマッサージできないからこそ、目を動かして鍛えましょう！

【目周りのたるみ解消！　ぱっちり体操】（184ページ参照）

額に手を当てて目を大きく見開き、5秒キープ。その後、目を見開く⇅ギュッと閉じるを10回ほど繰り返します。目を大きく見開くと眉も上がってしまう人は、眉周りの筋肉が凝り固まってます。額を手に当て、額にシワが寄るのを防ぎつつ、眼輪筋だけを動かすようにしましょう。また、目を上下左右に動かすエクササイズも効果的です。この時のコツは、上下左右と限界まで目玉を動かすこと。特に左右は180度以上見えるのが正しい状態です。指を184ページのように後ろ側に広げてどこまで見えるかをチェックすると、体操の効果がわかりやすくなり、励みになるはず！

【目の下のゴルゴライン解消！　逆まばたき体操】（185ページ参照）

額にシワが寄らないよう眉の上に手のひらを当て、まぶしい時のように目を細めます。目の下の筋肉を引き上げるように目を細めるのがポイント。10回ほど、まぶしい目⇅元に戻す、を繰り返しましょう。どちらの体操も、眉が動いたり額にシワが寄る人は前頭筋が凝り固まっている状態。頭皮マッサージやブラッシングで、額から頭頂部にかけての前頭筋をゆるませることも日課にしましょう。

How to

ほうれい線を撃退する口元エクササイズ

老け見えの大きな原因ともなるのが、顔の下半分。
ほうれい線と、フェイスラインのもたつきを解消しましょう！

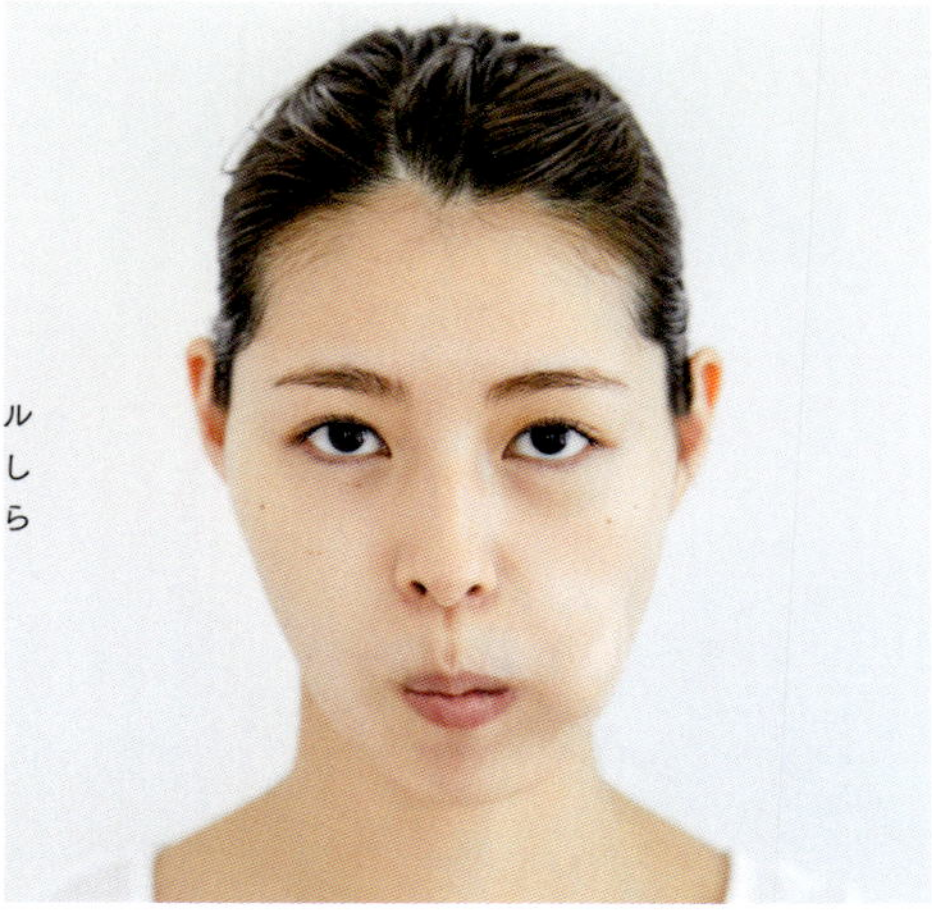

マスクの下でこっそり舌回し

舌を歯茎に添わせるようにしながらクルクルと回すだけ。右回しを10回、左回しを10回ほどを目安にして、慣れてきたらどんどん回数を増やしてくださいね。

在宅ワークのお供にお箸くわえ

割り箸などを1本、奥歯で軽く嚙んでくわえます。箸の線よりも口角が上に引き上がるように意識するだけ。5分から始めて、少しずつ時間を増やしていきましょう。

目周りのたるみを改善する眼輪筋エクササイズ

このエクササイズは、目元のたるみ解消はもちろん、
眼精疲労にも効果があります。ぜひ習慣にしてくださいね。

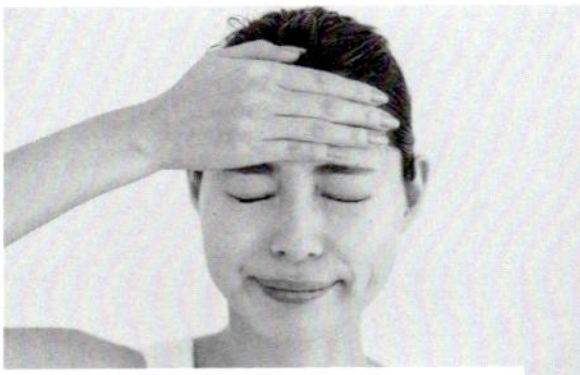

パッと開いてギュッと閉じて ぱっちり体操

おでこにシワができないよう、手のひらを額に当て、目を限界までパッと見開いて5秒キープ。そのままギューっと目を瞑って5秒キープを数回繰り返しましょう。まぶたの筋肉が鍛えられたるみ予防に。1分を目安にトライすると効果的です。

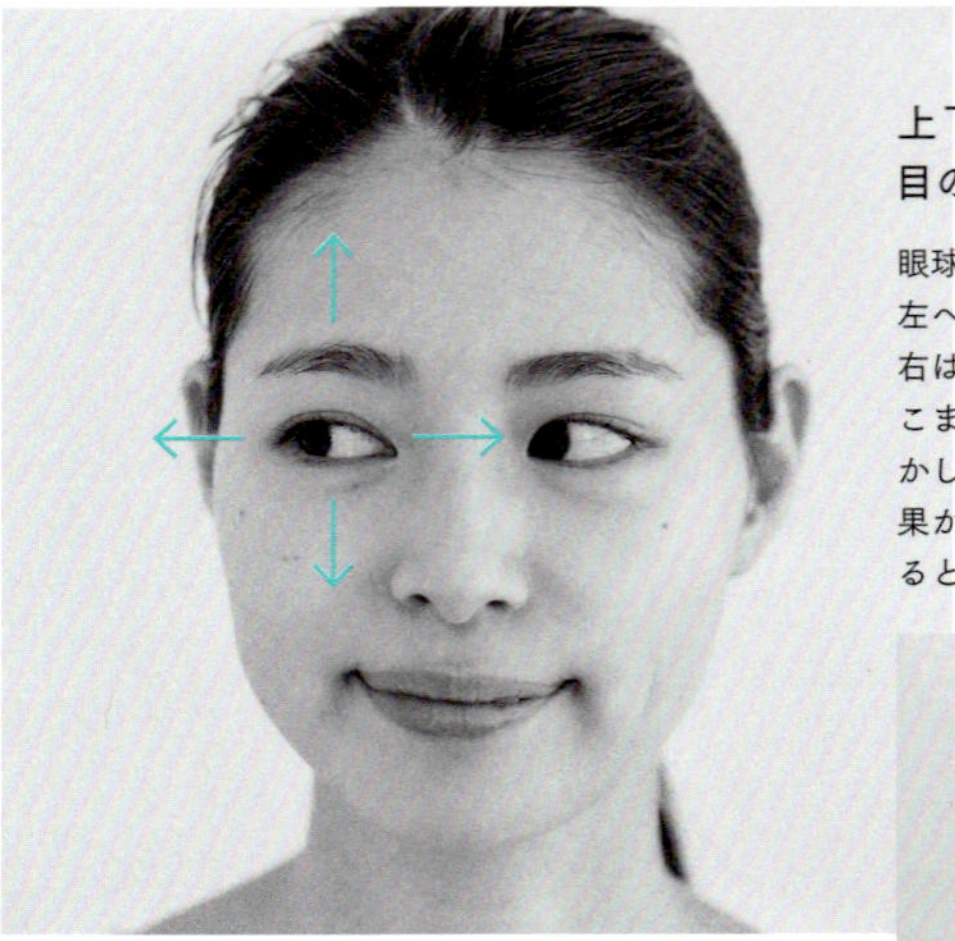

上下左右に目一杯！ 目の奥を刺激するエクササイズ

眼球を目一杯動かしながら上、下、右、左へと視線を動かしましょう。特に左右は、指先を真横から後ろ側へ広げ、どこまで見えるかを確認しながら目を動かします。眼球の奥の筋肉を鍛える効果があります。1分くらいを目安にすると効果的です。

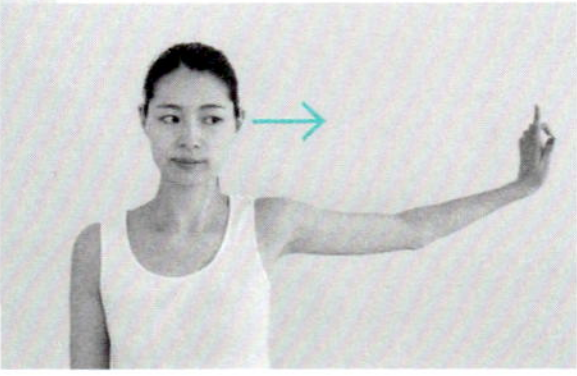

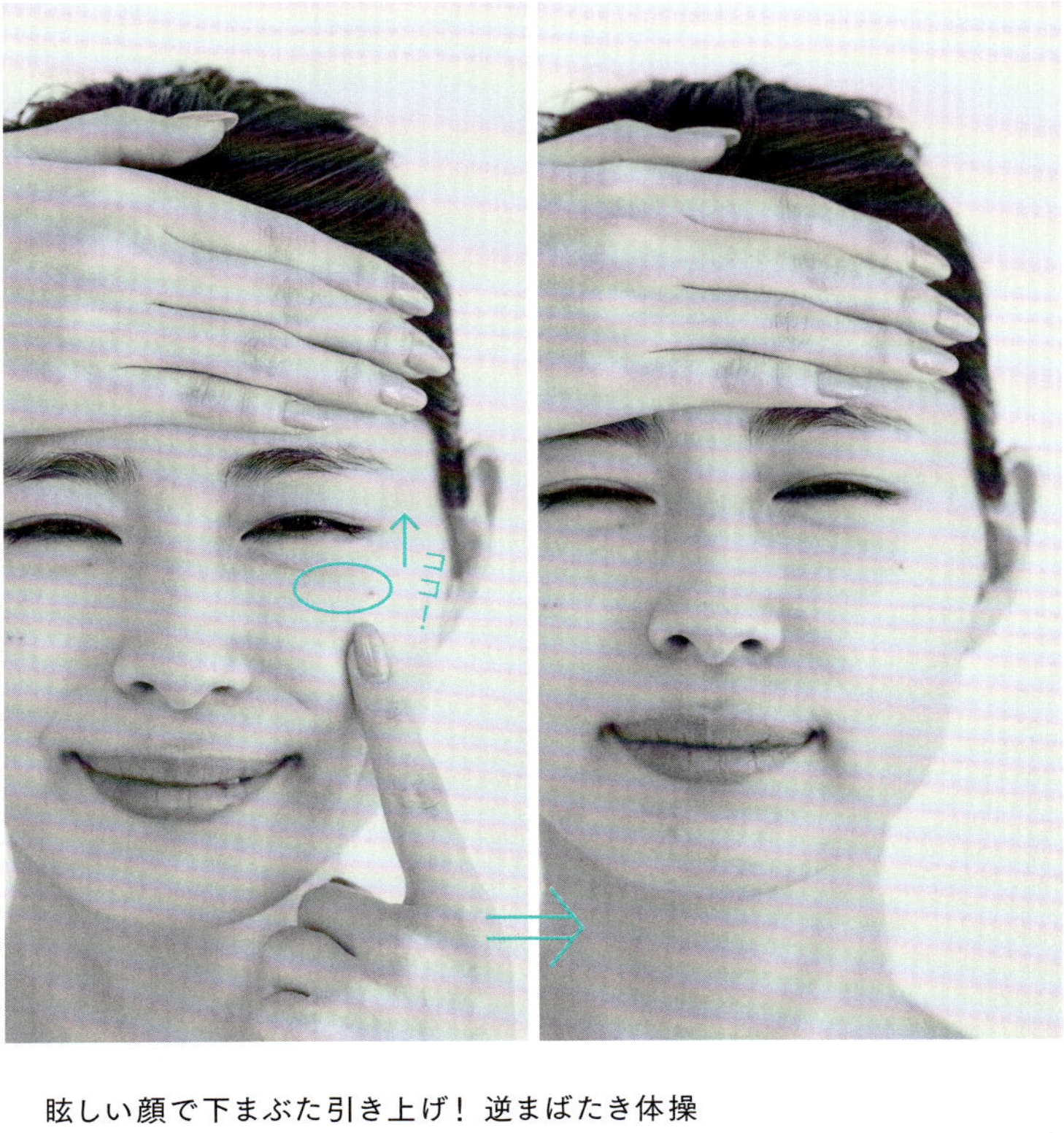

眩しい顔で下まぶた引き上げ！ 逆まばたき体操

額に手を当て、頬を引き上げるようなイメージで目を細めます。最初は頬に指を当て、指先が上へ引き上がっているかを確認しながらトライしましょう。10回ほどからスタートして、1分くらいできればベストです。そのうち慣れてくると、指を当てなくても動かせるようになります。

Chapter 6

LIFESTYLE

“ついで”に美を育てちゃおう!

毎日の積み重ねが
何よりの近道

トップス／マサコ テラニシ
（アプレドゥマン）

Lifestyle

美メンタルを育てるのは生活リズム

夢で「睡眠の質」がわかる!?

どんなに高価なコスメを使っても、完璧なメイクをしても「1秒で惹きつける人」にはなれません。だって大切なのは、自分への自信や愛情、前向きな気持ちだから。ここまで読んでくださったあなたなら、なんとな～く理解できるはず。そう、キレイになるためには、メンタルが大きく関わっています。

そして、美メンタルを育むためには、毎日の生活リズムがとっても大切！　その最たるものが睡眠です。睡眠の話をすると、「何時間眠ればいいですか？」とか「やっぱり0時前には寝なくちゃダメ？」などいろんな質問が寄せられますが、正解は自分にしかわかりません！　ちなみに私は、子供の頃からショートスリーパー。大人になってからは、ヘアメイクという職業柄、早朝3時とか4時に現場入りするのが日常だったので、3時間寝て一回起きてまた寝る――なんて生活を20年以上続けていました。

そんな私が、ひとつだけ言えるのは、**質の悪い睡眠は、確実にメンタルに悪影響を及ぼすということ。そして、いい眠りのためには、寝る2～3時間前からスマホやパ**

ソコンには触らないということ。 ついやってしまいがちだけど、目が冴えてしまって確実に眠れなくなります。だから私は、たとえ仕事が残っていても夜通し作業するのではなく、30分でも1時間でも早起きして取りかかるようにしています。

また、美容の面からいえば、高すぎる枕は首にシワがつきやすくなるので要注意！　女優さんたちの多くは、枕ナシや、タオルを折りたたんで枕代わりにするなど、低めの枕を使っています。先日この話をしたら、枕ナシなんてムリ……と言っていた生徒さんも、「意外と気にならずに眠れました〜」って（笑）。首のシワが気になっている人は、枕を見直してみてくださいね。

ちなみに、「夢」は睡眠の質を測る要素のひとつって知っていますか？　夢を見る頻度が増えるのは、睡眠の質が落ちているサインだそうです。逆に、夢を覚えていなかったり、あまり見ない時はいい睡眠がとれている証拠。面白いですよね！

半身浴でリラックス、でもシャワーの水圧には要注意！

睡眠と同じくらいに大切なのが、お風呂の時間。夏などはシャワーで済ませてしまいがちですが、気持ちをリラックスさせるためにも、透明感のある肌作りのためにも、湯船につかりましょう。

おすすめは、半身浴。半身浴がいいと言われるのは、長くお湯につかっていても心臓に負担をかけないし、汗がかける体に整えていくことができるから。寒いと感じる場合には、肩にタオルをかけましょう。汗がかけない人は、こまめに水分をとりながらお湯につかりましょう！　体が少しずつ変わっていくはずです。

私自身は、一日のコンディションを整えるため、お風呂は朝に入るのが習慣ですが、寝つきの悪い方などは、ベッドに入る1時間くらい前にお風呂に入ると、一度上がった体温が徐々に下がってくるタイミングで眠りにつけるので、深くぐっすり眠れます。朝でも夜でも、ご自身のライフスタイルに合わせて一日1回は湯船につかる時間を作りましょうね。

そして、お風呂に入って血行がよくなっているタイミングで、ウエストやふくらはぎなどをマッサージしてみてください。肌と同じように、体だって意識を向けてあげないと途端に衰えて老けていくし、脂肪だってつきやすくなるんです。気になる部位をこまめに触ってあげるだけで、むくみや脂肪のつきにくい体になれますよ。

また、講座に来てくださる生徒さんには、**「お風呂で洗顔する時には、シャワーをそのまま顔に当てないでね」とお伝えしています。**だってシャワーってとっても水圧が強いんですよ。私たちが気になっているたるみは、重力に引っぱられて顔がどんどん下へ下へと下がってしまう現象です。長い年月、何度も顔に直接シャワーの水圧がかかってしまったら……。その力を加速させると思いませんか？　今日からは、お風呂場で顔を洗う時には、手のひらでぬるま湯をすくってすすぎましょう。

このシャワーのお作法は、シャンプーの時も同じです。予洗いしたり、シャンプーを洗い流す時に、下を向いて前屈みになるのはＮＧ！　シャワーを手に持つか、顔を上げた状態でシャワーを浴びるようにしましょうね。

お風呂に入るのは毎日のこと。多い時なら一日2回という人もいるでしょう。**この何気ない積み重ねが、未来の「たるみのない顔」につながります。**

Lifestyle

猫背・丸い肩は オバさん見え、ダサ見えが 加速します

スマホやパソコンが、オバさん姿勢の原因に

「集合写真を見て、自分の姿がオバさんのようでショックでした……」。先日、講座を受けにきてくださった方の受講動機です。シミやシワ、たるみなど、オバさん見えの要因はいろいろありますが、パッと見の印象を左右するのが、肩です。丸くなってきたら要注意！　若い人でも肩こりが気になるのなら、放っておいちゃダメ。凝り固まって動かない部分に脂肪がのってきてしまい、丸い肩、丸い背中、ゆくゆくは首が短い人になってしまいます！

とにかく、こまめに肩を回しましょう。肩回しする時には、両手を肩に添えて、肘が耳の横を通るような意識で肘から大きく回して肩甲骨をしっかり動かすこと。脇の下から背中側に手を伸ばし、肩甲骨付近のお肉を手で胸のほうに持ってくるのもいいですね。動きが悪かったり長い間触らない部位は、脂肪がつきやすくなります。肌と同じように体だって、マメに手入れしていくのが大切です。特に、パソコン作業をはじめ、私たちの生活は前屈み姿勢になりやすく、意識しないと知らない間に丸いオバ

さん肩に……！　私も、ヘアメイクという仕事柄、前屈みになりがちなので、トイレに入ったら肩回しが習慣です。トイレのほか、歯磨きなど一日の中で絶対にすることとセットにすると、習慣にしやすいですよ。ちなみに、スマホを見る時の下向き姿勢は首のシワをくっきりさせる原因になります。スマホは、目線と同じ高さか、少しだけ上げて見るのをくせづけましょうね（197ページ参照）。

背もたれは使わない。女優さんがやっている美しい所作の作り方

とあるベテラン女優さんのヘアメイクをしていた頃、「SHOKOちゃん、背もたれは飾りなのよ」と言われた言葉がとっても印象的で、今でも耳に残っています。以来、私も真似して、椅子に座る時には背もたれを使わないよう心がけています。パソコン作業をする時や、YouTubeの撮影をする時、食事の時など……背もたれに寄りかからず、お尻からお腹をキュッと締めるような意識で座るだけ。これ、結構な体幹エクササイズになるんです（198ページ参照）。

女優さんの仕事は、食べたり泣いたり眠ったりと、私たちが普段何気なくしている

日々の動きを、自然に美しく演じること。そのために、表情筋を鍛えるのはもちろん、首にシワが寄らないよう、台本を読む時には目線の高さにまで本を上げていたり、リラックスタイムであるメイク中や仮眠の時だって、背もたれは使わず姿勢よく座っていたり……。彼女たちと仕事をしていると、勉強になることばかりです。

体のことって、その時々のちょっとした気づきの積み重ねでいいんです。毎日意識していると、ある日、何だか体が軽くなったり、疲れにくくなったりするのを感じるから！　そうすると、あら不思議。散歩してみようかな、と思ったり、運動してみたくなるもの。

先日も、数ヶ月前は「運動なんて嫌い」と言っていた生徒さんが「ＳＨＯＫＯさん、今日はひと駅歩いてきました！」ですって。歩くことや出かけることが楽しくなってくると、それまでは気にも留めてなかったおしゃれにも興味が湧いてきて、キレイになるための車輪が回り出すんです。一念発起してエクササイズに励まなくっても大丈夫！　毎日少しずつの習慣で、肌も体もメンタルも輝きます。

スマホを見る時も、目線の高さに引き上げるのを習慣にしましょう。小さな積み重ねが老け見えを回避する一歩になります。

仕事や食事などの際に、椅子の背もたれは使わないようにしてみましょう。ついでに背筋を伸ばし、お尻からお腹をキュッと締めます。これが習慣化できれば、その意識は立ち振る舞いまでも美しくしてくれますよ。

Lifestyle

美しい人は食事も美しい

キレイの源は健康であること。すべては食事から始まります

「今食べたものが明日の自分の肌を作るんです」

――これは、現場でモデルさんや新人女優さんによく言っていた言葉です。私たちの体は食べたものによって作られ、今口にしているものが体の中の細胞を作っています。毎日何を食べるかが、肌や体、髪はもちろん、マインドまで作っていくのです。どんなにスキンケアやメイクを頑張っても、不健康で元気がない人は、人を惹きつける魅力を放つことはできません。美しさの源は健康、健康を作るためには食事は欠かせません。

これは私自身が、食生活で、肌も体も調子を整えてきたから言えることです。昔は両親が心配するほど病弱だったのに、大好きで選んだのがヘアメイクという仕事でした。忙しさやストレスなどが重なり、20代の頃には肌が膿んでしまうくらいにただれるという経験をしました。当時は美容皮膚科なんてなく、皮膚科に行くも「ストレスだね」と薬を処方されるだけ。なんとかしたくて、図書館で食事方法についていろん

な本を読み、実践していきました。すると、少しずつ肌も体も整っていったんです。

主宰する3ヶ月間の講座を受講くださった方の中には、「栄養バランスのチェックにより、足りないものを把握できるようになったら、体調不良な日でも、人からはそう見えないような見た目をキープできるようになったのが驚きでした！」という嬉しい声も！

食事は自分への投資です。何を食べて、何を食べないのかを自分自身で選択することが、未来の自分のキレイとなって返ってきます。

まずは2週間、食事日記をつけてみよう

バランスよく食べると言っても、毎食頑張らなくていいんです。一日の中で、バランスよく食べることを目指しましょう。そのためにも、ぜひ、食事日記をつけてみてください。203ページのチェックシートには、一日の中で取り入れたい食材をリストアップしています。朝・昼・夜と食事ごとに、食べた食材に○をつけていけばいいだけ。すると、普段不足しがちな食材や、取りすぎの食材が見えてくるはずです。書

くだけで「海藻を食べてないから、夜ご飯はわかめのお味噌汁にしよう」と、自然に美肌食を実践できます。何を食べればいいかがわかるので、コンビニでも体に必要なもの、今の自分に足りていないものを選べるようになってきます。これが「何を食べて、何を食べないか選択する」ということ！

もずく酢、キムチ、納豆、豆腐など、すぐに食べられる美肌食材を冷蔵庫にストックしておくと、実践しやすいと思います。特にキムチ納豆は美味しくて、美腸効果も高く、おすすめです。

2週間も食事記録をつけていれば、食生活が浮き彫りになって、意識も変わります。私自身も、外食も多いしジャンクフードも大好きです。外食や多少の不摂生を楽しめるのは、バランスいい食事が何かがわかっているから。例えば、「今夜はイタリアンで女子会だから、朝と昼はイタリアンメニューになさそうな海藻とか豆類を食べておこう」と、事前の調整だってできちゃいますよ。**食べ物で体を変えていくには、3ヶ月くらいはかかると言われています。**できることから少しずつ始めましょう。

食生活バランスチェックシート

	朝	昼	夜
ごはん・パン・麺			
野菜			
きのこ			
いも類			
肉・魚			
海藻			
卵			
大豆製品 （大豆・豆腐・納豆など）			
乳製品 （ヨーグルト・牛乳・チーズなど）			
果物			

サバ缶とトマトでアンチエイジング！

食生活を整えようと思うと、「めんどう」とか「時間がない」というフレーズが頭をよぎりますよね。今でこそ、美容講座に来てくださるみなさんにランチをお出しする私ですが、実は30歳まではまともに料理を作ったことがありませんでした。だから、みなさんのめんどうな気持ち、よくわかります。

美容と同じで食生活だって、上手に手抜きをしちゃえばいいんです。ぜひ活用してみてほしいのが缶詰類！ 非常食としてストックしつつ、料理に上手に活用しちゃいましょう。おすすめは、サバやさんまなどの缶詰、トマト缶、豆類、ひじきの缶詰あたり。サバ缶は、塩麴と合わせて一晩置いておけば缶詰特有のにおいも気にならなくなるので、盛りつければ立派な一品です。さんまの蒲焼き缶は、生姜と一緒に炊飯器に入れれば、豪華な炊き込みご飯が完成します！ トマト缶はリゾットや煮込み、パスタなどなんにでも使えますし、サバ缶と合わせてスープにするのも美味しいですよ。豆類やひじきは不足しやすい食材なので、食事のバランスをとるのにお役立ち♪

ちなみに、トマトは抗酸化に優れた美肌食材。赤い色素の「リコピン」は、さまざまな食品成分の中でも、群を抜いて高い抗酸化力を持っています。シミやシワなどの老化現象は、体の中から発生する活性酸素により引き起こされます。リコピンはこの活性酸素と戦い、老化をブロックしてくれるのです。**特にミニトマトは手軽に食べられるうえ、栄養素が凝縮されたスーパー食材！** 夜に食べると吸収がよく、翌朝の肌や体の調子を整えてくれるんです。ミニトマトなら一日5個、トマトジュースなら1本、トマト缶なら半分が目安。紫外線が強い季節は一日1トマト！ 大人世代の合言葉にしちゃいましょう！

飲むだけで老化を食い止めてくれる飲み物

トマトが効果的だとお話しした抗酸化作用。これが飲み物なら、より普段の生活に気軽に取り入れられて、最高ですよね。**緑茶、ルイボスティー、どくだみ茶、コーヒー（一日2杯まで）、これらの飲み物には抗酸化作用があるため、自宅でのリラックスタイムや水筒に入れて持ち歩くなど、積極的に飲むことをおすすめします。**

SHOKO流　満腹アンチエイジング美肌レシピ

簡単・見映えよし・栄養バランスばっちり！
ぜひ日々の食事に取り入れてみてください。

生の春菊でミネラルや酵素もとれる

春菊のサラダ

材料（2人分）

春菊 ―― 1束
白ごま ―― 適量
<ドレッシング>
シーチキン（ノンオイル）―― 1缶
すりごま ―― 大さじ1
鰹節 ―― 1袋
マヨネーズ ―― 大さじ1〜2
醤油 ―― 小さじ1
オリーブ油 ―― 大さじ1

作り方

1. 春菊を食べやすい大きさに切る
2. ドレッシングの材料を混ぜる
3. 1に2をのせて白ごまをふる

もずくで肌の保湿力アップ！

もずく酢とミニトマト

材料（2人分）

ミニトマト ―― 1パック
もずく酢 ―― 1パック〜

作り方

1. ミニトマトを四つ割りにする
2. もずく酢と混ぜるだけ！

鮭缶キャベツ

材料（2人分）

鮭缶 ―――――― 1缶
キャベツ ―――― 1/4個
梅干し ――――― 1個
すし酢 ――――― 大さじ1

作り方

1.キャベツを千切りにする
2.1にふわっとラップをかけ、600Wの電子レンジで2分加熱する
3.梅干しを細かくちぎる
4.鮭缶とすし酢を混ぜる
5.2、3、4を混ぜ合わせる

肌のハリ、弾力、潤いアップ！

血液サラサラと冷え症対策に！

サバ缶とトマトと豆スープ

材料（3人分）

サバ缶 ―――― 1個
ミニトマト ―― 12個
玉ねぎ ――――― 1個
にんじん ――― 1本
セロリ ――――― 1本
ひよこ豆缶 ―― 1/2缶
にんにく ――― 1かけ
水 ―――――― 600ml
無添加コンソメ ― 1個
塩麹 ――――― 大さじ1
オリーブ油 ― 大さじ1

作り方

1.玉ねぎを薄切りに、にんじんとセロリを角切りに、にんにくをみじん切りにする。
2.鍋にオリーブ油を熱し、にんにくと玉ねぎを炒める。
3.玉ねぎが色づいたら、水とコンソメ、残りの材料を全部入れて10分煮る。最後に塩麹を入れて味を整える。

体の中からキレイになれるお茶

食べるK☆rei茶

ルイボス、クコの実、なつめ、白きくらげ、さんざし、紅花など、アンチエイジングや美白などに効果的な具材が入った食べられる美容茶。こういった抗酸化に効く飲み物を普段の生活に取り入れましょう！

私も忙しさのあまり食習慣をコントロールするのが大変だった時期があり、そんな時に漢方茶を取り入れることにしました。免疫力が上がり、健康と美肌が両方手に入ることにも感動し、自ら「食べるK☆rei茶」を作ったほどです（207ページ参照）。ホルモンのバランスが崩れやすい40〜50代の女性の悩みに特化し、ルイボスやクコの実、なつめ、白きくらげなどアンチエイジングに効果的な具材を取り入れました。毎日でも飽きずに飲め、体の中からキレイになるのに最適な飲み物です。こういったものもぜひ活用してください。

白い砂糖よりも茶色い砂糖をチョイス

テレビや雑誌などを見れば、食べていい食材・食べないほうがいい食材など、たくさんの食にまつわる情報があふれていますよね。私自身、栄養管理士やマクロビオティックなどを学び、さまざまな視点で食の勉強や実践もしてきましたが、**大切なのは、バランスよく3食食べることが基本**、と思っています。

ただひとつ提案したいのは、**白い砂糖は控えましょう**、ということ。講座では、

「家にある白砂糖は捨ててください」とお願いしているほどです。精製された白砂糖はたるみや毛穴開きの原因になります。太りやすくなるのはもちろん、中毒性があるのでとりすぎるとメンタルが不安定になったり、腸内の悪玉菌を増やすためのエサになるなど、美容にとってはダメダメ食材なんです……。

ヘアメイクとして5000人以上の人の肌を触ってきましたが、たるみ毛穴で悩んでいる人のほとんどは、甘いもの好き。まずは、2週間ほどやめてみましょう。お料理に使う場合は、てんさい糖やアガペシロップ、蜂蜜や黒糖で代用を。おやつは週に一度、贅沢なスイーツを食べるようにするなどしてみてください。**白砂糖断ちは、確実に肌を変えてくれます！** どうしてもやめられない人は、1日おき、3日に一度と、徐々に減らしてみませんか？

Chapter 7

WORKBOOK

美しさも願いも叶える未来ノート

自分の理想をイメージ化し、
人や縁も引き寄せる

Workbook

思い描き、「見える化」する。そこからすべては始まります

心の整理整頓は、「惹きつける人」になる第一歩

80歳まで自分の好きな仕事でちゃんと稼いでいきたい！　そんな女性たちを応援していきたい——これが、私の願いです。

「人は中身が大切」。もちろんその通りですが、初めて会った人が判断するのはやっぱり見た目です。特に、大人になれば若さという武器は通用しません。だからこそ、歳を重ねるごとに美しさを磨くのです。

なぜなら、**美肌や美顔は、日々の積み重ねでしか作られないから。**

年齢を経て、肌や姿勢、立ち居振る舞いが美しい人は、生き方そのものが美しい人だと思います。自分を大切にし、丁寧に生きている人。そんな人と一緒にいたい、親しくなりたい、話してみたい、仕事がしたい、学びたい——、そう誰もが思うのではないでしょうか。

美しさはあなたの生き方の証明であり、それが惹きつける理由になるのです。

心が変われば行動が変わる
行動が変われば習慣が変わる
習慣が変われば人格が変わる
人格が変われば運命が変わる
――私はそう信じています。そして、その第一歩が心の中の整理整頓です。

書くことで、好きな自分も嫌いな自分も、なりたい自分もクリアに

心の整理整頓をするのに最適なのが、「書く」ことです。
どうなりたいのかが明確になっていなければ、美容はただのめんどうな作業になってしまいます。**誰のためにキレイになりたいのか、どんなふうにキレイになりたいのか、それを具体的にイメージすることで、きれいになるための最短ルートが開きます。**

1.「ミラーレッスン」を通じて今の自分を知ること(現状把握)
2.どんな人になりたいのか?という理想を思い描くこと(目標設定)
3.それに向かって何をすべきかをクリアにすること(課題の設定)

3つとも、講座に来てくださる生徒さんに最初に取り組んでもらっている、3つの「書く」ワークです（216〜219ページ参照）。でも、初めは、何を書けばいいのかわからない人がほとんど。皆さん「メイクを教えてほしいのに……」と最初は戸惑いますが、いざ書き出して、自分のイメージがクリアになると、それだけで顔つきが、オーラが変わります。そして、みるみるキレイになっていきます。漠然と思い描くことと、明確にイメージできることは、こんなにも違いがあるんだな、と毎回感動します。

ワークは、ゆっくり思いを巡らせながら書いてほしいので、2〜3日かけてじっくり取り組むのもいいと思います。

そして、ぜひ定期的に見直してみてください。すると、少しずつ変わっている自分に気づいたり、理想像もより具体的になっていくはずです。私自身も毎月1回、なりたい自分像をクリアにするために実践していますが、目に見える形にしていくことで、すべきことが明確になり、やる気アップにもつながります。何より、なりたい自分を想像することはとっても楽しい作業なのです。

1

今の自分を知る

まずは、鏡を見ながら今の自分の好きなところや嫌いなところを見ていきましょう。嫌いな部分は変えられるかどうか、発想の転換をしてみて。

例：笑顔が不自然→笑顔を練習する！／背が小さい→背は変えられないけど、ヒールの靴を履いてみる！背が小さいのは長所かも！／肌がくすんでる→スキンケアを見直してみる。食生活も砂糖を控えるのがよさそう！／話ベタ→聞き上手ってことかも！

＼ LET'S WORK ／

嫌いなところ・気になるところは？ →	変えられるアイデアは？
→	
→	
→	
→	
→	
→	

2

どんな人になりたいの？

お次はこの先、どんな女性像を目指すか考えてみて。いいなと思う有名人や身近な人をイメージして、どんなふうに年齢を重ねていきたいかシミュレーション！

例：30代の理想は新垣結衣さん、女性らしい可愛さが欲しい／40代は井川遥さん、色気とやさしさが目標／50代の理想は石田ゆり子さん、大人の余裕とチャーミングさを備えたい！／60代は夏木マリさん、自分らしさの爆発と若い人とも交流しているのが素敵！

＼LET'S WORK／

30代	40代
【理想の外見】 【理想の内面】	【理想の外見】 【理想の内面】

50代	60代
【理想の外見】 【理想の内面】	【理想の外見】 【理想の内面】

3

課題を設定する

Q1. 誰にどう見られたい？

例：旦那さんに可愛いね！と言われたい／部下にたまにはいじられつつ、頼られる先輩でいたい……など。

Q2. 周りにどんなイメージを持ってほしい？

例：会社帰りに待ち合わせしてディナーデートしたいと思わせたい！／頼りになるけど親しみやすいと思われたい……など。

Q3. Q1、Q2と今の自分のギャップは？？

例：可愛いというよりも、かっこいいになりがち／頼りにはなるけれど、親しみやすさが少ないかも……など。

Q4. 今できそうなことは？

例：いつもニコニコしている、スカートをはく／部下たちに気さくに話しかける、通勤服は黒より白を選ぶ……など。

ここでは、Q1～4の問いに答える形で、誰に向けて
キレイになるのかをクリアにしましょう。その目標に向けて取り組むべき
スキンケアやメイク、生活習慣などを考えてみてくださいね。

Q4の今できそうなことをベースに考えよう！

月の課題

意識したいことは？

例：家事をやってくれたらお礼を言う、休日でもナチュラルなリップとチークをして可愛さアピール！／チームでランチに行く、仕事中に口角が下がっていないか意識する！……など。

目標とする
女性の写真を
貼ろう！

具体的に実践したいことは？

例：マスクの下で舌回し体操をする。15分化粧水で自分を愛でる／仕事中、口角引き上げを意識する。オフィスデスクに鏡を置いて口角チェック！……など。

おわりに

最後まで読んでくださってありがとうございました。いかがでしたか？

人生100年時代と言われる今の時代、ニュースを見れば不安なことだらけですが、そんな時代だからこそ、私は、自分の力で80歳、90歳まで働き続けていきたいと思っています。また、そういう人が増えるといいな〜と思いながら、講座を開催したり、YouTubeでの動画配信をしています。とはいえ、「私には何ができるの？」と不安になってしまう人が多いこともよくわかります。そんなとき、自分自身がどうなりたいのかを考えて、鏡を見てお手入れをしていくことは、不安な気持ちをポジティブに変えるための第一歩になるんです。

この本を読んでくださった皆さんは、そんな人生を変えるスタートラインに立ちました。あとは、一歩ずつ進んでいけばいいだけです。途中で面倒になってしまったり、不安な気持ちになってしまったりしたときには、また最初からページを開いて繰り返し読んでみてください。後半の3つのワークは、1ヶ月ごと、1年ごとと期間を決めて何度も取り組んでみてほしいなと思います。

たかが美容と言う人もいるかもしれませんが、キレイになろうとする意志や力、そのためのひとつひとつの行動は、人生をも変える原動力になります！　これは私自身の経験はもちろん、生徒さんたちを見ていても感じる真実です。何歳からでも遅いということはありません。美肌や美顔でいることは、愛され慕われる大人が増えていくということ。そんな、想像するだけでワクワクするような世の中を一緒に作っていきましょうね。

最後に、この本を手に取り最後まで読んでくださったあなたに、心からのありがとうを言わせてください。あなたの明日からの未来が美しく、幸せでありますように。

2021年6月吉日　メイクアッププロデューサー　SHOKO

COSME

井田ラボラトリーズ	0120-44-1184
イミュ	0120-371367
イプサお客さま窓口	0120-523543
エテュセ	0120-074316
カネボウ化粧品	0120-518-520
カバーマーク　カスタマーセンター	0120-117133
コスメデコルテ	0120-763-325
シュウ ウエムラ	0120-694-666
SUQQU	0120-988-761
THREE	0120-898-003
第一三共ヘルスケア お客様相談室	0120-337-336
常盤薬品工業　サナお客さま相談室	0120-081-937
ドクターシーラボ	0120-371-217
Nuzzle	0120-916-852
ファイントゥデイ資生堂	0120-202-166
ファンケル	0120-35-2222
福美人	03-5428-4343
富士フイルム（アスタリフト）	0120-596-221
M・A・C	0120-950113
ラ ロッシュ ポゼ	03-6911-8572
レブロン	0120-803-117
ロージーローザ	0120-25-3001
ロート製薬お客さま安心サポートデスク	06-6758-1272

衣装協力

Eye's Press	03-6884-0123
アプレドゥマン	03-6274-8533

※掲載した商品の価格はすべて税込みです。
※商品は2021年6月時点の情報です。本書刊行時販売が終了している場合があります。

Staff List

モデル	大口あづ記（NMT inc.）
写真	吉岡真理／人物写真 大瀬智和／P206〜207、プロフィールカット
デザイン	吉田憲司＋矢口莉子（TSUMASAKI）
スタイリング	TOMISHIGE
DTP	小川卓也（木蔭屋）
校正	麦秋アートセンター
編集協力	畑中美香　小松ななえ
編集	藤村容子

SHOKO（ショウコ）

雑誌や広告のヘアメイクで30年間、女優やモデル含む5000人以上の女性を美しくしてきた、メイクアッププロデューサー。経験を生かし、50歳から始めたYouTubeチャンネル「SHOKO美チャンネル」でスキンケア、メイクアップ、エイジングケアなどについて発信。登録者数は現在20万人を超える。さらに「史上最高のじぶんになる講座」など、リアル／オンラインレッスンで、多くの女性に美についてのレクチャーを施し、高い人気を得ている。

——

YouTubeチャンネル「SHOKO美チャンネル」
Instagram @shoko.makeup
Twitter @shoko_makeup
LINE https://shokokato.com/shokoline_lp/
Webサイト https://shokokato.com/

1秒《びょう》で惹《ひ》きつける人《ひと》になる
読《よ》むだけで「最高《さいこう》の自分《じぶん》」！ 大人《おとな》の美容《びよう》BOOK

2021年7月21日 初版発行

著者 SHOKO《ショウコ》
発行者 青柳昌行
発行 株式会社KADOKAWA
〒102-8177 東京都千代田区富士見2-13-3
電話 0570-002-301（ナビダイヤル）
印刷所 大日本印刷株式会社

●お問い合わせ
https://www.kadokawa.co.jp/（「お問い合わせ」へお進みください）
※内容によっては、お答えできない場合があります。
※サポートは日本国内のみとさせていただきます。
※Japanese text only

定価はカバーに表示してあります。

ISBN 978-4-04- 605349-7 C0077